D0091535

Juana Inés Dehesa

Treintona, soltera y fantástica

Manual de supervivencia

Juana Inés Dehesa

Treintona, soltera y fantástica

Manual de supervivencia

OCEANO exprés

Diseño de portada: Bogart Tirado
Fotografía de la autora: Jorja Carreño

TREINTONA, SOLTERA Y FANTÁSTICA
Manual de supervivencia

© 2013, Juana Inés Dehesa

D. R. © 2016, Editorial Océano de México, S.A. de C.V.
Eugenio Sue 55, Col. Polanco Chapultepec
Del. Miguel Hidalgo, C.P. 11560, México, D.F.
Tel. (55) 9178 5100 • info@oceano.com.mx

Primera edición en Océano exprés: febrero, 2016

ISBN: 978-607-735-858-9

Impreso en México / Printed in Mexico

Índice

1. ¿Pues a qué hora me dieron los treinta?
   Donde la treintona se mira soltera y entra en pánico, 13

2. Nadie me dijo que iba a ser así
   Donde la treintona experimenta angustias existenciales,
   y de género, frente a un teléfono mudo, 27

3. Cuando los modelos te quedan chicos
   Donde la treintona se horroriza ante la basura de su disco duro, 43

4. ¿A qué hora se casaron todos?
   Donde la treintona se vive como la última soltera en el mundo, 59

5. Tic-tac: verdades y mentiras del reloj biológico
   Donde la treintona se cuestiona si será momento
   de cambiar pañales, 75

6. ¿Pedir de cenar o pedir un taxi? Las citas en los treinta
   Donde la treintona vuelve a internarse en
   el salvaje mundo de las citas, 91

7. ¿Y a mí de qué me sirve un novio?
   Donde la treintona se debate entre pasarle pensión
   a su electricista o buscarse una pareja, 107

8. Cuidadito, cuidadito, cuidaaaaadito:
   las trampas de la treintona que busca novio
   Donde la treintona se tropieza constantemente
   con sus propios tacones, 123

9. ¿Qué quiero y qué no?
   Donde la treintona delimita su cancha, 139

10. ¿Existen "las reglas"?
    Donde la treintona prueba y afina sus propias reglas, 155

11. Tengo un cuerpo y me gusta usarlo
    Donde la treintona escribe lo que no deberían leer
    sus tías... ni sus sobrinos, 171

12. ¿Será que mi éxito me estorba?
    Donde la treintona se compara con un queso maloliente, 187

13. ¿No será que es momento de un nuevo discurso
    (o, de perdis, de una nueva *playlist*)?
    Donde la treintona decide salirse de un par de clósets, 203

14. Sí, pero en mis propios términos
    Donde la treintona inteligente decide que ya estuvo bueno, 219

    Agradecimientos, 235

Al Sensei, por todos los años
que llevamos escribiendo este libro

1

¿Pues a qué hora me dieron los treinta?

Donde la treintona se mira soltera y entra en pánico

Yo, a quien me lo pregunte, le digo que soy muy feliz. Que ser una soltera mexicana de treinta y cinco años —entrados en treinta y seis— no me provoca el más mínimo conflicto. Que, muy por el contrario, voy proclamándolo por el mundo a los cuatro vientos, porque, para empezar, ni me veo de treinta y cinco ni soy el tipo de mujer que necesita un hombre al lado para que la defina y la valide ante el mundo; además de que, gracias a la afirmación de mi autonomía, he tomado una serie de decisiones que me han permitido crecer y organizarme una existencia que me acomoda. Así que, de veras, nada me acongoja, nada me hace falta y estoy encantada conmigo, con todo lo que he logrado y todo lo que me queda por hacer. Se lo digo a todo el que me pregunta y a quien no me lo pregunta, de pronto, también: tengo treinta y cinco —entrados en treinta y seis— y, salvo un par de seres en población flotante, soy eminentemente soltera. Y absolutamente feliz.

Y la verdad es que cada vez que lo digo estoy siendo un poquitito mentirosa. No mucho, pero sí algo, porque tanto así como "absolutamente feliz", tampoco. O sea, razonablemente feliz, sí... hasta que ocurre algo que provoca que se disparen las alarmas de mi cabeza. Ésas que me avisan que algo chistoso está ocurriendo con mi percepción de mí misma y del mundo; ésas mismas que, en situaciones menos graves, aunque más frecuentes, empiezan a sonar enloquecidas cuando me subo al Metro y, por la cantidad de miradas que atraigo, deduzco que esa blusa siempre sí era un poquito más transparente de lo que se veía en el baño, o de que en lugar de transmitir que lo mío son los riesgos y no me importa desafiar de vez en cuando las convenciones, lo único que logré combinando ese saco y esa bolsa fue parecer el hermano daltónico del payaso Rabanito. Las alarmas, pues, que hacen que me vea a través de los ojos de las otras personas y caiga en cuenta de que, a pesar de que en general estoy convencida de que lo estoy haciendo todo súper bien y estoy tomando las decisiones correctas, resulta que de pronto me invade la angustia, dudo de mi propio juicio y me empiezo a cuestionar todas y cada una de mis decisiones.

Como esos días en que de pronto, porque tengo que dar una clase, porque voy a tomar un curso o por lo que sea, me veo en medio de un grupo de colegas, específicamente, de mujeres. De inmediato asumo, no sé bien por qué, que debemos estar en la misma sintonía y que tan solteras y treintonas son ellas como yo. Es más, hasta empiezo a experimentar un cierto grado de orgullo malsano de pensar que, en el hipotético caso de que hiciéramos un ranking de solteras codiciables, yo saldría en los primeros lugares (ya sé que es una pésima costumbre y de hecho no es que me sienta particularmente orgullosa de hacerlo, pero de pronto me gana la vanidad y lo hago, qué quieren que les diga); digo, me caigo súper bien y me parezco razonablemente decorativa, y hasta me consiento y me doy puntos por esfuerzo y simpatía, así que me va bien y me siento muy orgullosa de mí misma. Hasta que llega el momento de compartir experiencias y puntos de vista y todas —todas, hasta la bizca que empieza cada una de sus intervenciones con "en sí, lo que pasa es de que..."— en algún momento de sus enredadísimas anécdotas hacen mención a "un compañero", "un marido", "un novio" o, ya en plan más ambiguo y moderno, "una pareja". Ahí es cuando me empieza a repiquetear el cerebro peor que catedral en domingo. O sea, ¿cómo? ¿Qué no éramos todas solteras? ¿Todas tienen un ser humano esperándolas en su casa? ¿Me van a decir que yo soy la única que no tiene más perspectivas al final de la sesión que sentarse frente a la tele y terminar su sábado en la noche sola como perro? No es que me guste tirarme a la tragedia ni hacerme la víctima, ni que quiera hacer menos a mis colegas, pero de que el hecho asusta, asusta.

Sobre todo porque no entiendo bien dónde está el problema. Digamos, qué saben esas mujeres, y todas las demás que, aparentemente, nomás ponen un pie en la calle y ya tienen a quince seres humanos pidiéndoles su teléfono, que yo no sé; qué ciencia oculta practican que les ha permitido, en un momento de la vida donde teóricamente (o ésa es mi experiencia) los hombres no abundan, y menos los buenos partidos, hacerse de una pareja estable. Yo pensé que todas estábamos jugando a lo mismo y, a estas alturas de mi vida, me empiezo a dar cuenta de que no; que, mientras yo estaba muy apurada por ser la más bonita, la más inteligente, la más estudiosa, la mejor vestida y mejor peinada, resulta que todas las demás estaban aprendiendo artes femeninas quién sabe dónde y quién sabe con quién y, a pesar de todos mis esfuerzos, yo acabo siendo la única que no tiene novio ni mayores perspectivas de tenerlo. Cicuta doble en las rocas, porfa.

Cabe aclarar que mi situación no siempre ha sido así. Tampoco es que haya pasado toda la vida deseando la suerte de la fea y esas cosas. Quiero que quede muy claro que yo también he utilizado, varias veces y con respecto a varias personas, el término "mi novio", esa frasecita que las mujeres decimos con un retintín de condescendencia y cuyo subtexto suele ser, más o menos, "lero, lero". Si no es que haya pasado todos los sábados en la noche de todos mis años tirada en un sofá viendo la tele y en pijamas, ni que nunca haya experimentado una relación monógama y comprometida, hasta encaminada peligrosamente a terrenos de estabilidad institucional y toda la cosa. He vivido lo mío, me he comprometido lo mío y, aun así, estoy aquí de vuelta, en la casilla de salida y dispuesta a intentarlo de nuevo. De hecho, parte de mi malviaje se centra en que, para todo fin práctico, soy una recién desembarcada en esta hermosa isla desierta que representa la soltería para la treintona mexicana.

En efecto, hasta hace unos pocos meses, yo tenía lo que se dice una pareja estable, de ésas que son un referente para los demás y que parecen, de fuera, sólidas e inquebrantables. Desde mis tiernos e inocentes veintisiete hasta poco antes de cumplir treinta y cuatro fui por la vida con alguien más, alguien que no sólo me complementaba y me hacía ver la vida color de rosa y disfrutar más el día a día y esas cosas que dicen los baladistas cursis que pasan cuando uno vive en pareja, sino que, sobre todo, me otorgaba patente de corso para ver con penita a las solteras a mi alrededor y soltarles, a la menor provocación, un "ay, a mí esa película cero me gustó, pero a mi novio le pareció lo máximo". O, ironía de ironías, pretender darles consejos sobre la mejor manera de lidiar con la búsqueda de pareja y solventar sus crisis. Era yo, pues, "la novia de..." y me sentía segurísima en mi posición. Lero, lero.

Pero eso, como diría Michael Ende, es otra historia. Que cuando terminó me dejó convertida en una versión moderna de Robinson Crusoe; como si mi barco acabara de naufragar (que tampoco requiere tanta imaginación: el fin de las relaciones largas suele sentirse como los últimos minutos del Titanic, pero sin orquesta ni candelabros de cristal ni DiCaprio) y no supiera ni qué fue lo que falló, ni por qué la estúpida orquesta sigue tocando ni a quién culpar por la serie de malhadadas decisiones que nos llevaron tan decidida y ciegamente hacia los escollos y las piedras. Me sentí, pues, como si después de mucho nadar y tragar bastante agua, hubiera terminado por llegar a una especie de isla desierta, con sol a plomo y palmeras, y sin el menor indicio de vida inteligente hasta donde alcanzaba mi vista.

En un primer momento, después de escupir agua salada y mocos hasta sentir la lengua como lija, en mi alma se abrió, pese a todo, una pequeña rendija de esperanza. Me inundó la tremenda seguridad de que detrás de esa lomita que se veía por ahí cerca había un hotel todo incluido, con spa, albercas y bebidas con sombrillitas. Es decir, estaba completamente segura de que mi próxima pareja estaba a la vuelta de la esquina, libre de todos los defectos que le había encontrado a la anterior y esperándome pacientemente a que terminara de procesar la separación y me quitara de encima los harapos, la arena y las huellas de los últimos revolcones de las olas. Solamente era cosa, pensaba, de avanzar un poco y avisarle que su espera había terminado y que sus ruegos y buenas acciones, después de todo, sí habían tenido recompensa; por fin, yo había llegado a su vida.

Siempre según mi fantasía de la isla desierta, después de tomar fuerzas, me paré, caminé un poquito como venadito recién nacido y me decidí de una vez por todas a negociar lo que según yo iba a ser un trayecto cortísimo, una transición prácticamente inexistente entre mi relación anterior y la nueva. Pensé que nada más era cosa de, como en los pasamanos del patio del kínder, soltarse de un barrote y que inmediatamente apareciera otro, del cual afianzarme. Digo, si era yo. La maravillosa, interesante y atractiva de mí. La que se conocía a sí misma (o eso pensaba), sabía lo que quería, sabía exigirlo y no se conformaba si le daban menos. Encontrar a alguien que se muriera de emoción por compartir su vida conmigo debía ser cosa nada más de tronar los dedos, dejar que se corriera la voz y sentarme a esperar a que empezaran a desfilar candidatos inmejorables, uno detrás de otro, dispuestos a bajarme el Sol, la Luna y la estrellas, ¿no?

Ah. Pues no. Para empezar, me costó un trabajo espantoso hacerme a la idea de que mientras yo estaba cobijada por la tranquilizadora certeza de que tenía un novio junto pasaron seis o siete años, y a esas alturas resultaba que ya nada era como lo había dejado. Sin ir más lejos, cuando sucedió el naufragio, yo ya era, declarada y decididamente, una treintona. Nada de "veintitantos", nada de "hace diez minutos que cumplí dieciocho", ni hablar de "amiga, ¿te molesto con tu credencial de elector?" Al contrario, si me descuidaba tantito, el mundo entero empezaba a colocarme el horrendo apelativo de "señora" y ni modo que les saliera con la aclaración, como de octogenaria de San Luis Potosí, de "se-ño-ri-ta, si me hace usté favor"; qué numerito tan penoso. Era una treintona, ni señora ni señorita, hecha y derecha que, sin saber bien a bien ni cómo, estaba otra vez de vuelta en el incierto y pantanoso mundo de los solteros.

Luego, vino el asunto de reencontrar a mis amigos. Que la última vez que me había fijado eran todos solteros y hasta había un par de muchachos que asco, asco, no me daban y que hasta hubiera considerado como novios si no hubiera estado ya comprometida, pero que para ese momento ya estaban todos, incluido el que siempre había tenido pinta como de cama destendida, emparejados, varios hasta casados y con hijos. Y mis amigas, otro tanto. Ahora les correspondía a ellas el dudoso honor de mirarme como con penita y aventarme el rollo; ese rollo, sí, el de "tú súper tranquila, chaparrita: con tantita paciencia que tengas y tantito que pongas de tu parte, vas a ver que vas a tener montones de tipos haciendo fila en la puerta de tu casa; o sea, si eres un partidazo, ¡no inventes!". Así que ni para dónde hacerme: los amigos, comprometidos y las amigas, no sólo comprometidas, sino dispuestas a mentirme y a dorarme la píldora y a prometerme que en menos de lo que me imaginaba mi vida iba a estar una vez más poblada por una pareja, mucho más conveniente y adecuada que la que acababa de dejar.

Yo, que tenía unas ganas locas de creerlo, me lo creí. Compré completito el cuento de que ni siquiera había necesidad de examinar ni de revisar nada, sino que la pareja iba a llegar solita, casi como por arte de magia, y que era cosa nada más de ponerme muy bonita y sentarme a esperar. Pero, de pronto, pasaban las semanas, y nada. Y pasaban los meses, y nada. Y, peor todavía, me sometí al martirio de una sucesión interminable de primeras citas: con el mejor amigo del novio de una amiga, con el hijo de la amiga de mi mamá que es judío pero no muy ortodoxo, con un amiguito de la primaria que me reencontré por Facebook y que ya se me había olvidado que me crispaba los nervios y hasta con el primo del amigo de un señor que no vino a la fiesta, todo con tal de salir y no dejar pasar ni una oportunidad, porque una nunca sabe. Y de cada cita regresaba con los pies destrozados por los tacones, con los costados llagados por el strapless que me apretaba y con una levísima lucecita de esperanza que se apagaba como a los diez días, cuando el tipo no llamaba o cuando llamaba y resultaba que mis sospechas eran fundadas: parecía un cretino porque era un cretino. Ya con la pijama puesta y el ánimo por los suelos, contestaba los recaditos de todas mis amigas que preguntaban con muy buena intención cómo me había ido, mintiendo descaradamente y diciendo que "creía que bien" para, acto seguido, dejar que la desesperación me cubriera cual ola de tsunami asiático, porque, a como veía las cosas, no parecía haber vuelta de hoja: estaba condenada a quedarme soltera hasta el fin de los tiempos.

Y eso, por no hablar de lo que tuve que afrontar frente a mi familia. Ya después, con un poco de distancia, perspectiva y bastante análisis, me di cuenta de que había muchas cosas que yo me había inventado y que la cosa no había estado tan grave, pero en ese momento, recién negociada la separación, pensaba que mi familia entera me miraba como un caso perdido, como un rompecabezas incomprensible al cual nadie quería entrarle. Según yo, todavía mis amigos fingían frenéticamente y me decían que por supuesto que no era una quedada. Es más, que ese término ya ni se usaba. "Ya no lo usarán ustedes", pensaba, "pero los invito un día a mi casa". Tampoco es que nadie me hablara al respecto (insisto, buena parte estaba solamente en mi cabeza). No es que cada domingo, durante la comida familiar, el tema a tratar fuera "qué vamos a hacer con ésta que dejó a ese muchacho que la quería tanto y ahora no parece que vaya a salir ni en rifa", no: todos se mostraban realmente muy comprensivos y muy discretos. Pero, ni modo, yo andaba sensible y dispuesta a aprovechar cualquier oportunidad que la vida me brindara para darle rienda suelta a mi tristemente amplia capacidad de malviajarme y no podía más que sentir una punzada en medio del pecho —que no, no era ni un ataque cardiaco, porque después de todo ya tenía treinta y tantos, ni una consecuencia de comer tres días seguidos cochinita pibil— cada vez que alguien mencionaba a una conocida bastante más chica que yo a la cual le habían dado el anillo o estaba a punto de tener un bebé a escaso año y medio de matrimonio. Si esas niñas antier estaban desfilando de pollitos en el festival de la primavera del kínder, caray, ¿qué demonios hacían casándose y teniendo hijos como si les dieran premio? Y, por supuesto, cualquier evento familiar al cual tenía que asistir sola y aguantar lo que yo interpretaba como miradas reprobatorias, se convertía en una experiencia horrorosa.

Andaba, pues, insoportable. Lo cual no ayudaba, para nada, a emitir la vibra despreocupada y relajante que según todas las revistas y todos los programas de radio es indispensable para animar a un hombre a fijarse en ti e invitarte

21

a salir. Si salía con alguien y me la pasaba bien, en cuanto el tipo me dejaba en mi casa yo empezaba a angustiarme horriblemente por el negro abismo de incertidumbre que se abría ante mis ojos; porque todavía si no me la hubiera pasado bien, pensaba, pues no habría problema; me olvidaba de él y ya, a otra cosa mariposa, pero ya que sí me la había pasado bien, caía inevitablemente en la danza macabra de la ansiedad generada por la necesidad de control. ¿Lo iría a ver después? ¿Sería posible que éste sí fuera el bueno, el que me iba a conceder salir del horrible mundo de la soltería y reintegrarme al de las mujeres emparejadas? Pero ¿qué pasaría si no me buscaba más? ¿Sería prudente y aconsejable que lo buscara yo? ¿Y si yo no le gustaba? ¿Y si, en realidad, todo el tiempo había estado fingiendo y todo era una apuesta, como en película chafa de adolescentes ochenteros? ¿Y si sí le gustaba, pero tenía una familia en Dayton, Ohio y otra en Omaha, Nebraska, y lo buscaba la policía gringa por bigamia? Y así, hasta el infinito. Me las arreglaba para organizarme un infierno de preguntas a las cuales no me era posible encontrarles respuesta, básicamente porque para hacerlo hubiera requerido que algún hada madrina en mi lejana infancia me hubiera dotado con el poder de la telepatía.

Sin darme cuenta ni a qué horas ni cómo, me brotó en el alma una especie de gemela maligna que se dio a la tarea de masacrar a mi parte más rescatable; ésa que había destacado en otros ámbitos y que tenía una clara conciencia de su valor. Por razones que todavía no termino de entender (aunque en eso estoy), dejé de lado lo que ya había aprendido de mí y que me daba una cierta seguridad y apostura para funcionar en el mundo, y permití que mi gemela dictara si yo era, o no, valiosa, valiéndose en teoría de las reacciones —generalmente malinterpretadas— de otras personas. En otras palabras, que me fui poniendo en una situación donde si Fulano no me llamaba después de salir conmigo, yo tenía que asumir que no había sido suficientemente atractiva o interesante para Fulano y que, por lo tanto, yo no era, ni iba a ser nunca, suficientemente atractiva o interesante para nadie, punto. Lo de menos era si Fulano a mí me convencía o no, o si él estaba en posibilidades de valorarme o de establecer siquiera una relación más formal conmigo; yo corría con la responsabilidad de convencerlo y él, con la de reforzar constantemente mi autoestima. Lo cual era, a partes iguales, tremendamente injusto con Fulano y horrendamente cruel conmigo misma; como bien dice mi amiga la Cuquis, tendría que sentirme mal por la cantidad enorme de mal karma que coloqué en uno y varios Fulanos a lo largo de ese tiempo, a fuerza de poner mi bienestar en sus manos sin siquiera tener la decencia de avisarles.

Total que, a esas alturas, lo que había empezado como un juego y una aventura que en teoría tenía que durar a lo más un par de meses y que hasta me iba a dar oportunidad de acumular experiencias y una que otra anécdota curiosona de una primera cita atropellada o, ya en plan de sueño guajiro, un fin de semana romántico en Valle de Bravo o hasta en París (oh, bueno, cada quién sus sueños guajiros, ¿no?), se fue convirtiendo, a golpes de inseguridad y trastabilleos de mi propia identidad, en una situación que a todas luces se estaba saliendo de mi control y ya no estaba resultando, ya no digamos divertida, ni siquiera mínimamente justa conmigo misma. De hecho, en algún momento, lo de tener treinta y tantos, que hasta ese momento no me había pesado, empezó a convertirse en un tema de angustia y preocupaciones que no me había imaginado capaz de plantearme nunca; de pronto, la soltería se me empezó a antojar como una situación vital no sólo irremontable, sino indeseable. Empecé a sentir como si estuviera condenada a permanecer soltera el resto de mi vida, porque evidentemente algo había en mí descompuesto o, de menos, defectuoso; dejé de ver ciertas películas cuyo talante cursi y melcochoso me resultaba intolerable y, empecé, a cambio, a sacarle la lengua a las parejas en la calle, recelosa y envidiosa porque, según como veía las cosas en ese momento, ese tipo de vínculo y ese tipo de intimidad a mí me estaban vedados. Para todo fin práctico, me convertí en una llenadeodio hecha y derecha.

Además de estar llenadeodio, que ya tenía lo suyo de engorroso, estaba completamente obsesionada con el asunto. Pensaba que lo de tener una pareja a mí ya no me iba a tocar y, si acaso tenía la más mínima posibilidad, el asunto dependía completa y absolutamente de mí; de que yo hiciera lo que fuera necesario para convencer a un sujeto de aventarse la penosa tarea de emprender una vida de pareja conmigo. Y, aunque me dé pena reconocerlo, tengo que decir que mucho tiempo actué en consecuencia, prestándome a situaciones que no me acomodaban o que, simplemente, no me divertían. Y no sólo eso: la obsesión y el mal humor empezaron a filtrarse hacia otras áreas de mi vida, las que sí consideraba que me salían bien, como el trabajo y los amigos, y ya para cuando me di cuenta y pude empezar a cambiar algunas cosas, me había convertido en eso que juré solemnemente que jamás iba a ser: una mujer cuya vida estaba atravesada por la necesidad apremiante de conseguirse un hombre. Sin darme cuenta ni cómo, ni a qué hora, había traicionado hasta mis más íntimos principios. Horror. Tragedia. Y guácala, francamente. Eso sí hizo que se dispararan todas mis alarmas y me empezara a replantear seriamente mi, teóricamente, tan despreocupada relación con mi soltería y mi edad.

Ya frente a tanta evidencia, no he tenido más remedio que dejar de hacerme mensa y aceptar que, en lugar de pasarla bien y aprovechar este nuevo estadio en mi vida para, por fin, abandonar mi actitud obsesiva y controladora y dejar que el azar —y el género masculino— hicieran su trabajo, estaba tomando como pretexto la combinación de mi soltería y mi edad para atormentarme bien y bonito. Y que, como nefanda consecuencia, en lugar de dirigirme hacia el spa, las bebidas con sombrillita y la buena vida en general, estaba caminando derechito al acantilado. Por si fuera poco, lo hacía utilizando como gritos de batalla frases tan originales, sesudas y dignas de una mujer pensante como "todos los hombres son iguales" y "es que yo de veras tengo muy mala suerte". Frente a tanta evidencia, pues, decidí que ya estaba bueno.

Así las cosas, me temo que tal vez ha llegado el momento de dejar de lado el látigo autoflagelador, ése que enarbolo de manera tan entusiasta cada vez que un pretenso más me aplica la de Mandrake, y empezar a indagar si no habrá otra causa de mi condición soltera; algo más allá de la tan traída, llevada y cantada maldad y perfidia de los hombres. Si no será que algo tengo en mí que me hace venderme el cuento de que viviré para siempre en la isla desierta. Si no será hora de dejar de decir que soy muy feliz y que no necesito de nadie y empezar a admitir que sí necesito y empezar, también, a aprender de mis colegas —hasta de la que dice "de que", ni modo— y buscar los caminos para encontrarlo. Treintona, sí,

25

seré todavía un rato, pero lo de soltera, puede que no necesariamente. Ya veremos.

2

Nadie me dijo
que iba a ser así

Donde la treintona experimenta
angustias existenciales, y de género,
frente a un teléfono mudo

¿Y si mejor me pongo la pijama?

Me gustaría decir que mi reciente consumo de incontables capítulos de *Bones* y *Drop Dead Diva* responde únicamente a un
afán de estudio de los arquetipos femeninos de las postrimerías
del siglo XX y principios del XXI, y que tal inversión de tiempo y
neuronas la hago únicamente por un afán de documentación,
para encontrar sagaces respuestas sobre mi realidad inmediata
y los discursos tramposos que he recibido de su sociedad desde
la más tierna infancia. Me encantaría, de veras; creo que hasta
podría encontrar argumentos para defender dicha teoría, si no la
echaran por tierra los restos de chocolate regados sobre mi escritorio, la mirada que ya me quedó medio perdida y el inminente
síndrome metacarpiano que me estoy consiguiendo a fuerza de

jugar compulsivamente un jueguito de computadora babosísimo que se llama *Candy Crush.*

No es mi culpa: esto del escapismo televisivo es un legítimo mecanismo de defensa cuando no sé qué hacer o sé qué tengo que hacer, nada más no quiero. Es sábado en la noche y, más que estar frente a la computadora porque tengo la obligación moral y financiera de pergeñar prosa inmortal, me estoy enfrentando a un problema fundamental de la vida de cualquier mujer moderna mexicana. Aparentemente, sólo estoy intentando decidirme entre hacer uso de mi celular y mi capacidad de comunicación, pero en realidad estoy en vías de adoptar una postura frente a los distintos dictados sociales que ha recibido mi generación.

El origen del dilema es muy simple: digamos que por ahí del miércoles recibí en mi celular un mensajito de texto de un muchacho que es mi amigo pero no demasiado cercano (no le hablaría para que me fuera a sacar de la delegación ni para que me acompañara a una boda de compromiso, vamos), y cuyas verdaderas intenciones para conmigo nunca me han quedado del todo claras. El mensajito, pues, decía que a ver si nos veíamos pronto para tomar unas chelas. Yo, en mi afán por ser más sociable y no cerrarme a ninguna posibilidad, contesté que claro, que cuando quisiera. Convenimos en el sábado y la conversación cerró con esa frase tan resbalosita que es "sale, nos hablamos".

Hasta ahí, todo iba bien. No era tampoco que me inundara la emoción, porque a pesar de que el tipo en cuestión es razonablemente simpático, inteligente, amable y hasta guapo, siempre ha tenido algo que no me acaba de convencer (además de que nunca he entendido cuál es su afán por ser mi amigo, pero de eso hablaré después). Pero bueno, no se contraponía con ningún plan previo y era una buena oportunidad, aunque fuera únicamente para reunir información. Así que, por más flojera que me diera abandonar mi zona de confort (léase, la compu, mi pijama hábilmente disfrazada de ropa de calle y mi dotación inagotable de Coca Cola Zero y chocolate), estaba dispuesta a salir al mundo y entablar una conversación con alguien relativamente nuevo. A tal grado estaba dispuesta a emprender una actividad distinta, que hasta decliné la invitación que me hicieron el sábado en la mañana unas amigas para salir en pos de unos martinis de lichi (casi tan buenos como la combinación de mala tele, chocolate y *Candy Crush*).

El problema es que pasa el tiempo y no pasa nada. Ya dieron las seis, las siete, casi las ocho y mi teléfono sigue mudo. Y mi teléfono sí sirve, como lo atestiguan los setenta mensajes que he intercambiado con mi amiga la Gringa que está saliendo con un tipo que le encanta, pero ella se resiste a creer que las cosas van bien porque no está muy segura de lo que él quiere. (Tengo que confesar que después de intentar razonar con ella un buen rato, al final me ganó la exasperación y le dije que qué más le daba, que en una de ésas lo que el tipo quería era que le donara un riñón, pero que hasta que no la vistiera con un camisoncito de papel abierto por atrás y le pidiera que se acostara en la plancha, no tenía de qué preocuparse; tal vez fui ruda, pero es que no tengo paciencia para las mujeres que pierden el tiempo tratando de leerle la mente a los hombres). El caso es que mi teléfono y los mensajes funcionan bien. Además de que a estas alturas de la tecnología, ya casi no hay forma de quedar incomunicado si uno no se lo propone. Y, sin embargo, mis planes para la noche siguen sin concretarse.

Y aquí es donde yo empiezo a sufrir, por diversos motivos. El primero, que tengo una personalidad un poquitito obsesiva y no sé muy bien cómo manejar la incertidumbre. Ya bastante malo es esto de no saber si alguien te busca porque le atraes, porque le diviertes (son dos cosas muy distintas) o simplemente porque percibe que estratégicamente tu amistad puede resultarle redituable (o porque quiere un riñón, una nunca sabe), como para encima no tener claro qué te depara la última hora. A mí las indeterminaciones me sientan muy mal; prefiero siempre saber a qué atenerme. Ahorita, por ejemplo, sería un gran momento para poner a cocer las calabacitas que llevan casi una semana en mi refri y están a dos segundos de dejar de estar maduritas y pasar a estar francamente echadas a perder, pero no puedo emprender el proyecto porque qué tal que a la mitad tengo que salir corriendo en pos de lo que puede, o no, convertirse en una gran noche.

El segundo motivo de mi sufrimiento, menos vinculado con mis problemas de control y más general, creo, al resto del género humano, es que no entiendo bien qué se espera de mí en términos de mi condición femenina. En otras palabras, no tengo idea de cómo proceder ante las circunstancias: ¿es socialmente apropiado que en este escenario yo asuma un papel pasivo y me siente a esperar que mi amigo tome el control, me contacte de alguna forma y plantee mi destino para las próximas tres horas, o es perfectamente aceptable mandar ahora mismo un mensaje preguntando qué onda, tal vez justificándolo con la inminencia de otro plan, mencionando de pasadita los martinis de lichi?

Si me hubiera planteado esta pregunta ayer, o incluso hoy mismo a las tres de la tarde, mi respuesta hubiera sido un inequívoco "sí" en favor del rol pasivo y las manitas concentradas en el *Candy Crush* y no en el teclado del teléfono. De entrada, porque de él salió la iniciativa y si nuestra amistad ha persistido a través de varios lustros, ha sido porque él esporádicamente se aparece en mi vida sin que yo lo busque para contarme de los proyectos fantásticos en los que está involucrado y para espolvorear sobre mí un poco del encanto y la capacidad de seducción que le han permitido ir por la vida haciendo básicamente lo que le da la gana, pero —y esto es importante— porque, si bien no siempre las he seguido, sí soy consciente de la existencia de reglas no escritas, aunque universalmente aceptadas, que marcan y distinguen el comportamiento de todos aquellos hombres y mujeres que pretenden siquiera acomodarse en la resbaladiza categoría de "buenos partidos".

A reserva de abordar más extensamente en otro capítulo esa horrenda hidra venenosa conocida como "las reglas", dejaré de una vez y para siempre bien asentado que las detesto: no las entiendo, me parece que son un atavismo y que responden a modelos de interacción entre hombres y mujeres completamente anacrónicos en una sociedad que se precie de ser moderna. Por encima de "las reglas", yo creo en la eficacia de seguir los propios instintos y expresar claramente y sin ambigüedad lo que se siente o lo que se necesita, y me parece que si el otro no es capaz de entenderlo, pues peor para él. Sin embargo, soy consciente de que si pretendo relacionarme de otra forma con los hombres, tengo que cambiar el método y, sólo por ello, estoy dispuesta a darle a esto de las reglas una pequeña oportunidad. Pequeña, que conste, con límites claros y sólo por un rato, a ver qué pasa.

Pero de todas maneras sigo sin saber qué hacer. Mi dilema es tal, que hasta tengo que ponerle pausa a Dr. Brennan y meditar furiosamente el asunto. ¿Llamar o no llamar? O, más bien, ¿mensajear o no mensajear? *That is the question.*

Si pensamos el asunto en términos de equivalencias, es decir, que no fuera este personaje en particular, sino otro, la cosa se aclara. Digamos que es un muy amigo, un amigo sin mayores cuestionamientos, con quien establecí hace un par de días un pacto tan abierto y susceptible de interpretaciones como el horriblemente vago "a'i nos hablamos". En ese escenario, nada me impide tomar el teléfono y preguntar, sin tapujos, si se va a armar algo o qué onda; según yo, quitando de la ecuación la variable romántica, no hay peligro de perder mi estatus de "niña mona, decente y que sabe darse su lugar", somos amigos y, por lo tanto, somos iguales, y hasta podría negociar la hora de reunión de acuerdo con el tiempo requerido para cocer las calabacitas y convertirlas en sopa.

Si, por el contrario, se tratara de alguien que clara y abiertamente quiere "salir" conmigo —alguien con un interés eminentemente romántico, pues—, la cosa sería distinta, porque tocaría ser prudente y darle oportunidad a que cumpliera con lo que dictan las disposiciones culturales que rigen a la buena sociedad mexicana. Es decir, no desmaquillarse todavía, seguir barajando opciones de guardarropa que comuniquen "ni creas que me gustas tanto pero sí le eché ganitas" y resignarse a dejar marchitar las calabacitas en aras de una buena causa.

Al final, creo que lo más sensato es dar por buena la segunda hipótesis. No porque esté segura de que este encantador ser humano quiere algo más conmigo que ser mi amigo, sino porque de lo que sí estoy segura es de que no lo cuento entre mis amigos más cercanos y de más confianza (ésos son pocos y comparten a tal grado mi carácter obsesivo, que difícilmente me llegan a poner en este tipo de situaciones), así que espero a que den las diez, una hora a la que puedo asegurar tranquilamente y sin miedo a parecer una ñoña sin remedio que ya no se arman planes, saco las calabacitas del refri y, con ello, doy por concluido el experimento.

La culpa es de *Mujercitas*, o cómo me volví la heroína de mi propia película

Por desgracia, esto de tener que esperar a que el agua hierva a fuego bajo provoca que la mente se lance a divagar por terrenos insospechados. Sentada en la cocina, inundada por el punchis-punchis del antro que está a dos calles, y las voces que llegan de la calle de adolescentes que entran a una casa, salen de una casa, se suben a coches, se bajan de coches y básicamente cumplen con todos los rituales de un sábado en la noche, es imposible no cuestionar mi decisión de jugar a la princesita y de alguna manera condenarme a tener por única compañía a Netflix y los cada vez más caducos contenidos de mi refri. Digamos que la consecuencia final de mi decisión me hace sentir menos muñequita de sololoy y más la muñeca fea (y sin escoba ni recogedor, ni plumero ni sacudidor).

El problema, creo, reside en que yo no estoy entrenada para esto de esperar pacientemente. Sobre todo, para esto de depositar tanto poder en el otro. De chica, yo era más Alicia que la princesa Aurora (hasta tenía un vestido azul con delantalito blanco que me ponía a la mínima intimación): estaba más dispuesta a salir corriendo en pos de un conejo armado con un relojote de bolsillo, y a comerme y beberme todo lo que me pasara por enfrente, que a esperar pacientemente a que un príncipe azul viniera a rescatarme de mi sueño. Echando un rápido vistazo a las fotos de mi infancia, yo soy esa niña de pelo corto, casi siempre sin aretes —porque sistemáticamente perdía los tornillitos de atrás o se me infectaban las orejas—, sentada entre las niñas disfrazadas de princesas vistiendo toda la parafernalia de mi disfraz de vaquero: unos jeans, una camisa de cuadros, un paliacate al cuello y mi sombrero de paja. Las fotos también van a revelar que yo sonreía poco y miraba muy fijo, parte porque la demostración efusiva de entusiasmo nunca ha sido mi fuerte y parte también porque ya desde entonces yo era tímida y callada; la típica niña que prefiere quedarse en la biblioteca a leer que aventurarse al patio durante el recreo.

Esas lecturas del recreo contribuyeron a modelar mi idea de las heroínas. Frente a los cuentos de los Grimm, llenos de damiselas en desgracia y princesas en cautiverio, yo prefería las versiones de las historias tradicionales mexicanas de Pascuala Corona, llenas de niñas cuyo poder y encanto residía, precisamente, en su falta de conformismo y su capacidad de expresar sus deseos y opiniones (mi favorito termina diciendo "y el rey, viendo que con esa niña llevaba siempre las de perder, se casó con ella"). Y bueno, cuando apareció en mi vida *Mujercitas,* de Louisa May Alcott, y conocí a su protagonista, Jo March, y su desprecio por los vestidos y su capacidad de mantener a su familia con su escritura, entonces la pequeña ñoña que vivía en mí pensó que moría de dicha. Para cuando entré a segundo de primaria, había leído siete veces la novela, y otras tantas la continuación, y todavía me emocionaba pensar que una niña como Jo, tan poco *niña* y de carácter tan disparejo, fuera capaz de lograr todo lo que quería y encima darse el lujo de rechazar la desgarradora propuesta matrimonial del bombón de Laurie.

Asumo que no soy la única que tiene esta debilidad por las heroínas respondonas; películas como *Valiente*, producida recientemente por Pixar, cuya protagonista es una princesa que se niega rotundamente a cumplir con lo que se espera de ella y, horror de horrores, a elegir un marido para casarse y, de una vez por todas, dejar sus actitudes más propias de un hombre y sentar cabeza, prueban que algún chiste encuentra el público en estas mujeres que buscan construirse un destino distinto del que les marca su entorno familiar o social. Ésa es una prueba; la otra podría ser que, una vez que mi maestra de segundo de primaria se decidió a arrancarme *Mujercitas* de las manos y aventarme al patio, obligándome a convivir aunque fuera un poco con mis compañeros, comprobé en carne propia que había en el mundo suficientes niñas y mujeres inteligentes, divertidas e irreverentes con las cuales compartir un buen juego de Resorte, primero, y la vida, después (también me hice de varios amigos fantásticos, desde luego, pero ésa es otra historia).

Si me atengo a la enorme variedad de lecturas y discursos a los que tuve acceso, desde Televisa y sus horrores hasta recitales dominicales de *Pedro y el lobo*, puedo afirmar que pertenezco a esa generación de niñas a las que les dijeron que podían hacer lo que quisieran. Con todo y que a mi abuela materna le horrorizaba la cocina (sólo entraba de vez en cuando a supervisar que el dulce de mamey no se pasara de punto, pero, en cambio, dominaba el arte de cambiarle las clavijas a los aparatos eléctricos; dónde —y con qué fin— aprendió eso, sólo Dios lo sabe; nunca se lo pregunté), y que se graduó de li-

cenciada en Filosofía y Letras antes siquiera de que Simone de
Beauvoir publicara *El segundo sexo,* siempre tuvo claro que su
lugar era en su casa y que quien tomaba las decisiones importantes era su marido. Como a muchas de mis contemporáneas,
a mí se me permitió aspirar a una vida intelectual y laboral
fuera de mi casa y del ámbito familiar, es más, digamos que el
asunto se reforzó casi al punto de volverse una obligación: las
mujeres debían ser inteligentes, sensatas, prácticas, compasi-
vas, aunque sin dejarse llevar demasiado por sensiblerías, y,
por supuesto, debían estudiar y trabajar. Pero también debían
encontrar lugar en su destino para conseguirse un marido, un
matrimonio como Dios manda y unos hijos y convertirse en
el centro de una familia convencional y digna de fotografía.

El pókar y mis amigas, o de las tribulaciones de una mujer que sabe latín

No obstante, para cuando entré a la Facultad, ya había terminado de definir ese carácter que en mi infancia comenzó a
manifestarse en términos de menos princesa y más vaquero.
Ya había descubierto a sor Juana y a Atenea, estaba mejor
preparada para intervenir en una sesión del Consejo Univer-
sitario que para responder una entrevista de una revista de
sociales y me había convencido de que mis dimensiones, mi
metabolismo y mi horror por una dieta libre de grasas y carbohidratos impedirían definitivamente que llegara a lograr
nada en la vida que dependiera únicamente de mis atributos
físicos. En otras palabras, ya había decidido que lo que a mí
me tocaba era ser una mujer inteligente.

Lo cual era francamente aceptable. Salvo por el pequeño detalle de que si bien no era mi único objetivo en la vida, sí me interesaba, como a cualquiera, tener un novio. No era que no hubiera tenido novio nunca, pero tampoco tenía muy claro cómo había sucedido; en general, estaba tan peleada con el lugar común de que las mujeres se hacen las tontas para atraer a los hombres, que yo adoptaba, casi sin darme cuenta, la estrategia contraria: torturarlos sin piedad para demostrarles que yo no era una blandengue cualquiera y finalmente aceptar salir con quien fuera que no hubiera huido despavorido para ese momento. Según yo, era una técnica infalible, ¡era exactamente la de Elizabeth Bennet, la protagonista de *Orgullo y prejuicio,* la novela de Jane Austen, ni más ni menos! Lo que nadie me había dicho era que a) con esa técnica se corre el peligro de que, en lugar del Mr. Darcy con el que Liz Bennet se casa después de páginas y páginas de malentendidos y deseos reprimidos, aparezca un codependiente adicto al maltrato y b), que Mr. Darcy, por más irresistible que sea su actitud de hombre intachable, pero incomprendido, a la larga puede resultar aburridísimo y pésimo candidato para llevar a una boda o a una fiesta con karaoke.

Así las cosas, cuando me convencí, después de un rompimiento muy terrible con un hombre muy querido, de que yo no tenía la menor idea de lo que estaba haciendo y más me valía dar un paso atrás y replantear seriamente mi *modus operandi,* empecé a pedir opiniones y a admitir la posibilidad de seguir métodos y conductas que en otro momento hubiera considerado inadmisibles. De la misma manera en que los enfermos terminales van de doctor en doctor y de curandero en curandero bebiendo tés dudosos y hasta bailando en Chalma, así he ido yo por el mundo abriéndole mi corazón a quien se deja y tomando nota de sus consejos y técnicas (mismas que he utilizado no sólo para tratar de darle algún tipo de futuro a mi vida sentimental, sino también, y sobre todo, para, espolvoreadas con un tantito de mala leche, incluirlas en este libro; gracias, muchachos).

Y resulta que en el centro mismo del asunto sale siempre, con mejor o peor disfraz, el tema del género. Y, más que el género, el asunto del control. Todavía me acuerdo con escalofríos de una conversación tipo mesa redonda, que duró horas y horas, con mis amigas de la secundaria sobre el comportamiento idóneo a seguir, en términos de comunicación vía mensajes de texto, con un muchacho que me andaba gustando. El planteamiento era sencillo: yo lo había invitado a salir el fin de semana, pero dijo que no podía, ¿debía volverlo a buscar? La respuesta fue categórica: en primer lugar, de ninguna manera tenía que iniciar yo la conversación, bajo ninguna circunstancia; ya bastante malo era que hubiera tenido el atrevimiento de invitarlo a salir una primera vez, tenía que esperar a que él me buscara y sólo entonces responder. Ah, y cuidadito y cuando finalmente me escribiera a mí me daba por contestar luego, luego, así como si hubiera estado esperando ansiosamente saber de él (aunque así fuera); lo conducente, según ellas, era esperar al menos un par de horas para dejar bien claro que yo no estaba desesperada, ni muchísimo menos.

Esa prolongadísima conversación —que incluyó frases tan reveladoras como "pues sí, eso sería lo sensato, pero ya ves cómo es Juana"— fue crucial para entender que las relaciones entre hombres y mujeres se perciben como intercambios de poder, independientemente del grado de inteligencia, sensatez o escolaridad de los individuos en cuestión. No era que no lo supiera, desde luego, pero comprobar que un grupo de mujeres talentosas, inteligentes y autónomas en todos los otros ámbitos de su vida, podían atenerse a "las reglas" con tal vehemencia y considerarlas verdades absolutas, me llamó la atención y hasta me hizo repensar mi posición ante dichos lineamientos sociales. En una de ésas, yo había estado equivocada toda mi vida y era momento de adoptar "las reglas" como mi nuevo camino hacia la vida en pareja.

Sí, señor. Después de horas de escucharlas discutir sin que me dejaran, por supuesto, meter ni una palabra en mi defensa, decidí que, nada más para demostrarles que no era tan predecible como ellas creían, iba a seguir su consejo. Ahí mismo y sin que nadie se diera cuenta, borré de mi celular el número del susodicho. La técnica funcionó, aunque no como yo creía ni esperaba; simplemente, no me volvió a buscar más y, con todo y que la espera fue tortuosa y hasta triste, terminé haciéndome a la idea de que, por una razón que desconozco y no me importa (lo mismo da que tenga tres familias regadas por el estado de Tamaulipas, que se haya vuelto testigo protegido o que nuestros riñones no hayan resultado compatibles), había decidido no volverse a hacer presente en mi vida. Peor para él.

Con todo, no me arrepiento, ni creo arrepentirme nunca, de haber dado el primer paso y haberlo invitado a salir, por más que mis amigas se desgarren las vestiduras. Es posible que la que esté mal sea yo (mis amigas, desde luego, lo creen a pie juntillas), pero va en contra de mi naturaleza dejarlo todo en manos del muchacho y rezar para que el Espíritu Santo lo ilumine y me invite a salir. Mi papá, que era un furioso jugador de pókar, decía que siempre, siempre, había que pagar la primera vuelta, sin importar qué cartas nos hubieran tocado; esto es, que siempre valía la pena tomar aunque fuera un primer riesgo, porque jugar siempre a lo seguro era francamente muy aburrido. Y a pesar de que hace mucho que no juego cartas, aplico este principio con frecuencia y me doy permiso de tomar ciertos riesgos; ahora bien, si a la cuarta carta, o a la segunda, me doy cuenta de que aquello no va para ningún lado, prefiero retirarme del juego y esperar a que se vuelva a barajar.

Evidentemente, con todo y las enseñanzas que me prodigó mi padre en torno al tapete verde y las fichas, este aprendizaje me está tomando más tiempo del que hubiera pensado en un principio y, desde luego, está resultando bastante más complicado de lo que hubiera esperado. Tan es así, que a estas alturas de mi vida, siendo una mujer sana, inteligente y sin demasiados defectos (al menos, no muy aparentes; lo de las tendencias escapistas, la incapacidad absoluta para cocinar y la manía de levantarme antes de que amanezca para volverme a dormir después del café no queda de manifiesto, ni de broma, en la primera cita), todavía me faltan planes para el fin de semana, todavía tengo que esperar a tener visitas para subirme a una escalera para cambiar un foco, porque qué tal que me caigo y nadie se entera, y todavía me inunda esporádicamente el temor de morir sola como un perro.

¡Estás viendo y no ves!, o de la inutilidad de hacerse tonta

Podría, si quisiera, escribir los versos más tristes esta noche. Llorar junto al fogón y echarle la culpa de todo a que los hombres mexicanos no saben qué hacer con una mujer inteligente, y a las mujeres mexicanas que perpetúan esta concepción y, lejos de rebelarse o plantear alguna alternativa, prefieren o no emparejarse o emparejarse según un modelo anacrónico. Podría, inclusive, aprovechar mis horas y horas de babear frente a la tele y despotricar que claro, que ser lista —como Dr. Brennan, la antropóloga forense que protagoniza *Bones*, o Jane, la brillante abogada de *Drop Dead Diva*— es aceptable socialmente siempre y cuando o seas absurdamente guapa o exhibas ciertas actitudes de vulnerabilidad e indefensión asociadas con la condición femenina.

Todo eso podría decir. Y hasta es posible que encuentre quien festeje mis opiniones y las dé por ciertas. Si no fuera porque, de hacerlo, estaría incurriendo en un mero y reprobable berrinche, nomás que en lugar de tirarme al piso y patalear podría citar versos de sor Juana y párrafos enteros de Gubar o De Beauvoir. Estaría cayendo en simplificaciones injustas y generalizaciones absurdas. Y estaría haciéndome trampa y haciéndole trampa a todas las mujeres que puedan llegar a identificarse con mi situación.

Porque decir que a los hombres no les gustan las mujeres inteligentes por principio y como verdad absoluta, me condena, de alguna forma o a resignarme a permanecer sola, porque nadie es de la estatura de mi vida, o a renunciar a mi identidad de mujer y de mujer lista e independiente; a esperar rigurosamente dos horas antes de contestar un mensaje por una razón que no entiendo y no comparto, y no estoy dispuesta. Que no la tenemos fácil, desde luego; que requiere ser más creativa y tener una claridad interna de lo que se quiere y de los propios límites, por supuesto; que entre menos complicada y exigente es una mujer le es más fácil conseguir pareja, puede ser, pero que la búsqueda vale la pena, a pesar de la sopa de calabacitas y el ocasional encierro, creo que también.

3

Cuando los modelos te quedan chicos

Donde la treintona se horroriza ante la basura de su disco duro

C laro que todo este discurso de libertad de pensamiento y de "quítense, muchachos, que a'i les voy" no sólo se escucha muy convincente, sino que parece facilísimo. Cualquiera diría que es cosa nada más de despertar un día, soltarse el cabello y vestirse de reina, como diría Gloria Trevi, y salir a la calle bien seguras de que el mundo es nuestro y las cosas van a salir exactamente como nosotras queremos y en los términos ideales; que el mero hecho de haber identificado las causas de nuestras desdichas y haberlas comprendido implica automáticamente su desaparición. Si ya tengo perfectamente claro que de pronto se me van las cabras y que necesito ser más paciente con los hombres, lo lógico sería pensar que a partir de ahora se va a dar un cambio radical, voy a ser capaz de mantener a mis cabras a raya y voy a ser un dechado de paciencia y comprensión, ¿qué no?

Oh, sorpresa, resulta que no. Tal vez no sea así en todos los casos, pero en el mío, resulta ser que mi cabeza puede estar segurísima de muchas cosas, pero también que mi breve y contundente cuerpecito guarda en alguno de sus múltiples rincones otro disco duro con información completamente distinta de aquella que mi cerebro jura y perjura que ya domina. Llámese cerebro anfibio, llámese inconsciente colectivo o, ya de plano, llámese mi otra personalidad sicótica, pero por alguna extraña razón, mis acciones —sobre todo en lo que se refiere a los asuntos sentimentales— no reflejan aquello ni mis pensamientos ni el fruto de mis reflexiones. Es como cuando uno se para al baño en la noche y se machaca un dedo contra el buró por la pura flojera de prender la luz; sucede una vez y otra y otra más y, sin embargo, aunque nuestro cerebro ya haya ejecutado el razonamiento y haya identificado la relación causa-efecto, seguimos pensando que qué necesidad de prender todo, si nomás son veinte pasos. Y en el paso número diecinueve, ¡zas!, el aullido de dolor y la súbita aparición de estrellitas. ¿Suena familiar? Pues bueno; así pasa también —y más— en el terreno sentimental.

A mí me pasa tiro por viaje; no lo del buró, porque hasta eso ya logré desembarazar la ruta de obstáculos de cualquier tipo, sino lo otro, lo de jurarme que ahora sí voy a cambiar mi forma de presentarme al mundo y que voy a procurar comportarme como una mujer inteligente, madura, que sabe lo que vale y que está dispuesta a hacer ciertas concesiones con la persona correcta, para acto seguido volver a ponerme las mismas trampas y refugiarme en las mismas conductas que ya sé que no traen los resultados que yo quiero. Todo aquello que me resulta tan evidente y sencillo de resolver mientras me arreglo para salir a una fiesta y encontrarme con mi destino, se me olvida en el segundo mismo en que empiezo a interactuar con otras personas. De inmediato, en cuanto me siento mínimamente vulnerable, mi cerebro deja de funcionar y, como planta de luz en apagón, se activa mi cerebro anfibio (¿o atávico?) y me veo otra vez comportándome de la misma forma en que dije que ya no me iba a comportar.

El problema está en que estamos mal diseñados. Nos hace falta un botoncito que borre y desinstale, como los que tienen las computadoras o los teléfonos inteligentes. Porque si ya Dios (o el Universo o el Big Bang o la Madre Naturaleza o quien nos haya hecho) nos hizo con la capacidad suficiente para aprender y "actualizarnos", ¿qué tanto más hubiera costado que además nos dieran la posibilidad de borrar definitivamente de nuestro sistema lo que no sirve? Cuánto más feliz sería yo, por ejemplo, si pudiera deshacerme de esa firme convicción que tengo de que todos los males de mi vida se pueden curar con una bolsa enorme de papas con salsa Valentina y, en cambio, sustituirla por un amor inmenso por el apio o por las lechugas orejonas. Pero no: a pesar de que sé que después del atracón de papas no sólo los males no se van a haber resuelto, sino que me voy a negociar una gastritis de aquéllas, ahí sigo, y a pesar de que ya sé lo que quiero y lo que tengo que hacer para enfrentar de mejor manera el asunto de la pareja, nomás no puedo deshacerme de los conocimientos que ya tenía antes y que me dan mucha lata. Como si no fuera suficiente con todo lo que tenemos que aprender en la vida, encima hay que enfrentar el terrible problema de desaprender lo que ya sabíamos y no nos sirve, de borrar los archivos previos que ya se han quedado obsoletos.

Y es que desde que nacemos vamos absorbiendo información de todo tipo, desde cómo se cruza una calle hasta qué se espera de nosotros, pasando, desde luego, por cómo debemos relacionarnos con otros seres humanos y qué condiciones debe reunir el hombre —o la mujer— de nuestra vida. Se nos dice todo el tiempo, a veces con palabras ("¿ves, mijita?, te lo dije: todos los hombres son iguales") y a veces nada más con acciones o con ejemplos. Quien lo dude, que le eche un ojo a su historia y la compare con la de sus padres, a ver si no se pega un susto. Aunque nos pese, aunque todas las niñas en algún momento de nuestra vida nos sintamos Anne Hathaway y estemos perfectamente convencidas de que en realidad somos unas princesas (y nuestra abuelita es Julie Andrews y hasta le heredamos la voz, cómo demonios no) y esos que dicen que son nuestros papás la verdad nos encontraron en las escaleras de la entrada con joyas y una cartita con sello real que lo explicaba todo, aunque todo eso suceda, la verdad es que crecimos donde crecimos, aprendimos que el mundo, la pareja y la sociedad funcionaban de una cierta forma, de acuerdo con los modelos que vimos y, si no ponemos atención, estamos condenados a repetir esos modelos, porque son los que conocemos y nos son familiares. Querámoslo o no, el entorno en el que crecimos nos bombardeó con mensajes sobre nosotros mismos, sobre la sociedad y la pareja, y nosotros los absorbimos sin darnos cuenta.

Supongo que es el precio que se paga por crecer en familia y en sociedad en lugar de haber sido criado por los lobos (que de pronto se antoja, francamente), y supongo también que quienes nos criaron lo hicieron con mucho cariño y tratando de no echarnos demasiado a perder, pero el hecho es que nos llenaron de todo tipo de mensajes sobre el amor, el matrimonio, la soltería y la pareja y, seguramente, entre todo eso hay cosas que, o son francamente negativas y destructivas, o al menos a nosotros no nos sirven, y más vale saber que esa información ahí está, que la tenemos guardada en el disco duro y que con tantito que nos descuidemos, con tantito que nos sintamos en peligro, asoma su horrible cabeza y puede echar por la borda todos nuestros buenos esfuerzos. Fingir que esto no es así y que no crecimos con las ideas y nociones de nuestros padres marcadas a fuego en el alma es tan absurdo como tratar de aparentar una edad que no se tiene (señoras: no se puede, no insistan) o pretender ocultar un embarazo (tarde o temprano, aquello revienta, ¿no?); de algún lado sacamos nuestras ideas, certezas y manías, y más vale que las identifiquemos. Si queremos dejar de una vez por todas de hacer esas cosas que ya sabemos que no nos convienen, más vale examinar de dónde vienen y dónde las aprendimos; sólo así podremos dejar de cometer una vez tras otra los mismos errores y, ya liberadas, aventurarnos a cometer otros nuevos, que quizás resulten más divertidos.

El matrimonio como destino idóneo (sociología de las Barbies)

Si en este momento decidiera quitarme las pantuflas y salir a la calle a realizar un sondeo informal, estoy segura de que poquísimas mujeres me dirían que de chiquitas se veían solteras después de los treinta. Es más, probablemente no preveían ese futuro ni para sus muñecas. Todas iban a conocer el amor de su vida alrededor de los veinte, si no antes, iban a casarse terminando la universidad (habiendo estudiado carreras como diseño gráfico o comunicación, que eran las opciones favoritas de la población de mi primaria) y después iban a tener muchos hijitos, luego nietecitos y tan tan.

Después crecimos, dejamos las muñecas cachetonas y rozagantes por las Barbies, cambiamos los bebés que cuidábamos y dominábamos por modelos a los cuales debíamos aspirar: Barbie y sus amigas usaban tacones, tenían piernas larguísimas, cinturas mínimas, lo que un amigo de mi hermano llamaba un "prominente frontispicio" y, por supuesto, un orificio especial en la mano izquierda para colocarles un tremendo brillante, perteneciente, supongo, a un anillo de compromiso. Por si fuera poco, con tantito que se les insistiera a los padres o los abuelos, Barbie podía adquirir un novio y completar la fantasía de la pareja que vive feliz para siempre y jamás de los jamases envejece ni acumula grasa en sus plásticos cuerpecitos. Por más que se nos permitiera ir a las fiestas disfrazadas de vaqueros y jugar con los cochecitos de nuestros hermanos, Barbie era, al menos en mi entorno familiar y social, una influencia ineludible.

El caso de Ken es bastante significativo. No es que hubiera tenido un universo propio, paralelo y equiparable al de Barbie; no había, al menos en mis tiempos, tantas variedades y especificidades de Ken como sí las había de Barbie; cuando mucho, vendían como tres colores (razas, supongo, o fenotipos) distintos y cierta cantidad de ropa para vestirlo, pero poco más. En un ejercicio brutal y descarnado de sociología silvestre, hasta me permitiría decir que, en el mundo de Barbie, Ken funcionaba como un accesorio más, como una especie de apéndice cuya existencia sólo tenía sentido en función de lo que representaba para Barbie. Así, Ken era algo a lo que las niñas que jugábamos y fantaseábamos con nuestra muñeca rubia podíamos aspirar: si hacíamos todo bien y nos resignábamos a no comer nunca y a vivir con los codos eternamente flexionados, nos haríamos merecedoras no sólo de una casa de ensueño y un convertible rosita, sino hasta de un hombre con torso musculoso, sin vello y con sonrisa despampanante. En este sentido, el marido, o la pareja, era menos un compañero de vida que un atributo que se adquiría con la edad y que tenía el potencial, como el coche y la casa, de ser fundamentalmente decorativo.

A estos discursos que adquirimos en casa y en la escuela se sumaron los de la televisión y el cine: las telenovelas donde el muchacho rico se enamora perdidamente de la muchacha pobre y la "salva", venciendo todo tipo de obstáculos —hasta a la señora loca y millonaria con parche en el ojo—; los cuentos y novelas rebosantes de amor romántico y matrimonios; las cursilísimas baladas del pop en español y las edulcoradas *power ballads* (sí, ni modo: crecí con Guns 'n' Roses y "Patience"). Bueno, hasta los Muppets, que mi hermano y yo veíamos religiosamente los domingos en la noche después de bañarnos y sacar nuestro uniforme para el día siguiente, estaban atravesados por el tórrido romance entre Miss Piggy y la Rana René, una pareja de lo más sólida, con todo y sus zoológicas desavenencias. Mi generación, que nació antes de MTV y hasta antes del sida, creció primordialmente asaltada por una idea de pareja feliz, casada y monógama —y, salvo Piggy y René, conformada por un hombre y una mujer.

Con tanto refuerzo, crecimos pensando que lo que marcaba nuestra adultez era el matrimonio y la pareja. Quien esté libre de culpa, quien no haya torturado en su lejana infancia a un amiguito o primito con "sale que tú eras mi marido y sale que llegabas de trabajar y yo mientras hacía de comer", o que no haya incurrido en una poligamia rampante al casarse dos o hasta tres veces en la misma kermés o noche colonial, que arroje la primera piedra. Yo, desde luego, no; mi Barbie Superstar tenía un vestido de novia —piratísima, comprado en el mercado, pero con muchísimo encaje— y Ken, un chaqué elegantísimo —aunque dejó de serlo un tanto cuando le perdí los calcetines y se le asomaba el tobillito por debajo del pantalón— y muy pronto decidí que me iba a casar en la iglesia de Santa Prisca, en Taxco, porque el retablo brillaba muchísimo y me parecía de lo más exótico. Para mí, como para la mayoría de mis contemporáneos, el matrimonio —entendido, desde luego, como un compromiso para el resto de la vida— era una especie de aduana casi ineludible para acceder a una vida adulta feliz y plena.

Así, si lo normal era crecer, casarse y tener hijos, los solteros eran una rareza. Veíamos a un tío que a nuestros ojos era ancianísimo (y ahora nos damos cuenta, con el corazón estrujado, de que debe de haber tenido unos treinta y cuatro) y que todavía vivía en casa de la tía abuela, y tarde se nos hacía para ir a preguntar "Mami, ¿por qué el tío Pancho no tiene esposa?"; no importaba cuántas explicaciones recibiéramos a cambio, o cuántos pescozones y advertencias de "que te estés, escuincla", en nuestro corazón quedaba la certidumbre de que algo muy raro pasaba con el tío Pancho que renegaba de ese privilegio de la edad que era el matrimonio. Para ser plenamente adulto, pensábamos, era necesario casarse.

Y si el caso del tío Pancho nos parecía extraño y hasta un poco triste, con más razón si en lugar de Pancho era Pancha. O sea, si el soltero en cuestión pertenecía al género femenino.

Había algo profundamente triste en las mujeres solteras, una noción tácita de que su condición no respondía a una decisión tomada conscientemente y desde la libertad —como cuando el tío Pancho aducía no tener necesidad de buscarse a otra mujer que lo mangoneara si para eso tenía a su mamá—, sino a una serie de desafortunadas circunstancias, ajenas a su voluntad. Frente a la posibilidad de ser "soltero" (como Magnum, otro icono de mi generación), con su aura de misterio y sus infinitas ventanas de oportunidad, las mujeres, con tantito que se descuidaran, caían irremediablemente en la terrible categoría de "quedadas".

Quedada, pero no con la duda, o de las diferentes formas de entender la soltería

En una de estas extrañas asociaciones que hace mi cerebro, este concepto de la "quedada" —que de alguna forma sugiere que cuando las mujeres no se casan es porque nadie las escogió, no por un ejercicio de su voluntad— está representado de manera muy semejante a como en mis tiempos se hacían los equipos de futbol durante la clase de Deportes. Seguramente en estas épocas de corrección política y horror al *bullying* ya idearon un sistema mucho más incluyente y menos brutal, pero cuando yo fui a la secundaria la dinámica operaba como sigue, al menos para las mujeres: se nombraba a las capitanas de los dos equipos, generalmente porque eran las mejores jugadoras o, simplemente, porque eran las únicas a quienes esa especie de cáscara llanera les importaba mínimamente, y ellas a su vez iban eligiendo, por turnos, a las integrantes de sus equipos.

El juego en sí era un desastre divertidísimo, que poco tenía de deportivo y merecería una crónica mucho más larga (en general, había unas cinco jugadoras tomándose la cosa en serio mientras las otras quince nos entreteníamos cantando, bailando, platicando unas con otras y hasta preparando nuestra entrada al estrellato —recuerdo en concreto una tarde en que escenificamos los mejores momentos de la telenovela *Marimar*, con todo y Thalía y perro hablador y hasta ancianito benevolente—), pero el numerito previo era el equivalente secundariano del potro inquisitorial. Nada más angustioso para una adolescente de ego frágil que observar cómo los equipos se iban llenando y tú te ibas quedando ahí, nomás porque lo de correr al rayo del sol en pos de una pelota que total nunca te pasaban —y cuando te la llegaban a pasar no sabías qué hacer con ella— no era lo tuyo.

Algo así aprendimos que sucedía con las mujeres y el matrimonio; que estaban ahí, a la vista, para que alguien más, un hombre, las eligiera. Las primeras que "salían", generalmente con los mejores partidos, eran las más bonitas, las más populares, de mejor familia o de mayores atractivos; inclusive era posible que tuvieran más de una propuesta, que se las peleara más de un capitán de equipo, y entonces ellas pudieran darse el tremendo lujo de elegir con quién quedarse, pero sin hacerse mucho las difíciles, porque en una de ésas se quedaban como el proverbial perro de las dos tortas. Las menos bonitas, o las tímidas o de carácter más difícil —o las que, como yo, no recibieron el memorándum donde se explica cómo funciona lo de ser mujer y conseguirse un novio—, se iban quedando rezagadas, cada vez con expectativas más bajas y posibilidades más remotas de, un buen día, conseguir un marido que las sacara de su casa y les otorgara el flamante título de "señora de", hasta que un buen día despertaban con la novedad de que ya era muy tarde, ya se les había ido el tren y, cual manzana que nadie se lleva del puesto porque se ve magullada y medio marchita, ya se habían quedado. Las mujeres que no eran suficientemente atractivas o hábiles para "pescar" a un hombre, según el discurso de nuestra infancia, corrían el terrible peligro de convertirse en "quedadas".

(Mucho ojo: no estoy diciendo que ser soltera implique, o implicara, necesariamente ser "quedada". Digamos que es como la diferencia entre ser minimalista y ser pobre: no es que la chica en cuestión no tenga cosas porque no le alcanza —no que una pareja sea una cosa, a menos que una se haya quedado atrapada en su infancia y el sujeto en cuestión sea un Ken—, sino porque ha adoptado un cierto estilo de vida que la lleva a poseer muy pocas cosas, pero el asunto tiene que ver más con decisiones e inclinaciones personales que con situaciones ante las cuales no se tiene mayor posibilidad de elección. Puede ser, o no, que la soltería de una mujer tenga que ver con que nadie la eligió para jugar en su equipo, pero cómo la vive —si pinta un colectivo violín y se queda en la grada a organizar las porras y beber cerveza o, por el contrario, decide convertirse en la que recoge los balones, lava los uniformes, le guarda sus guantes al portero y todo el día suspira y dice "yo hubiera sido un fantástico defensa central si tan sólo me hubieran dado una mínima oportunidad"—, eso sí pasa por una labor más íntima y personal. Mientras que la soltería es un estado vital que puede o no ser producto de una decisión propia, ser "quedada" es algo que, hasta cierto punto, se puede elegir.)

El drama de la condición de la "quedada" estribaba en que no existía un lugar para ella en el mundo. Nada de que, a determinada edad, cuando ya se hubiera resignado a que no "salía ni en rifa", dijera "adiós, papá; adiós, mamá, ha sido un verdadero placer" y saliera huyendo en pos de un departamento propio y un hogar sólo para ella, no. Le correspondía quedarse en su casa a cuidar a sus papás y, si tenía instinto maternal, a sus sobrinitos, a sus hermanos más chicos o a algunos niños ajenos que le quedaran a tiro (los huérfanos eran ideales para este tipo de situaciones); podía estudiar, claro que sí, y salir al mundo de vez en cuando, aunque siempre se esperaba que regresara a la casa familiar, a donde pertenecía. Sus vínculos con el género masculino eran limitados: nada de tener un amigo casado, a menos que fuera un efecto colateral de una amistad con la esposa de éste, y nada que atentara contra su aura de virtud y pureza. Se hacía referencia a ella como "la señorita Pancha" y algo había en ella de niña que nunca terminaba de convertirse en adulta. En un mundo donde el matrimonio se veía como la única posibilidad para una mujer de crecer, salirse de su casa y formar su propio hogar y su propia familia, la "señorita" permanecía encapsulada en una juventud artificial, incapaz de cumplirse completamente como individuo.

Insisto en que algo tiene de trágica esta figura. La vemos en las novelas, en las telenovelas y hasta en las canciones cursis: la mujer atrapada por su condición de no casada, que se queda siempre al margen de los matrimonios que la rodean y se percibe como alguien cuya vida incompleta y trunca se traduce necesariamente en una vida infeliz, menos dichosa que aquéllas de sus pares que sí lograron "salir" y casarse. Tal vez tuvo un novio al que quiso mucho, tal vez no; tal vez estuvo alguna vez a punto de casarse, tal vez no; su carácter oscila entre la tía juvenil y bonachona que se gana el cariño de los sobrinos a base de dulces y regalos, y la figura dura, seca y severa que no da lugar a la risa ni al juego. Son caricaturas y estereotipos, desde luego, pero son, al fin y al cabo, modelos que estaban presentes en nuestra vida y, de alguna u otra forma, fueron moldeando nuestra manera de entender la vida en pareja.

Ni lo uno, ni lo otro, sino todo lo contrario

Por supuesto, al poco tiempo de salir al mundo y conocer mínimamente sus funcionamientos, una se da cuenta de que las cosas no son, ni mucho menos, como nos las contaron. Ni todas las personas que se casan desbordan felicidad y la pasan inmensamente mejor que si vivieran solas —la enorme cantidad de mujeres golpeadas por sus cónyuges es la máxima evidencia— ni todas las mujeres solteras se quedan a vestir santos y cuidar a sus papacitos, sumidas en una melancolía profunda por la vida que se les negó. En medio de esas dos opciones, hay un espectro enorme de posibilidades y, si tenemos suerte, muy pronto llegamos a la conclusión de que no existe estado civil capaz de garantizar inequívocamente la felicidad, no importa lo que nos hayan contado de chiquitos. El modelo binario y simplista que adquirimos en la infancia se vuelve completamente obsoleto en el instante mismo en que nos descubrimos con novio, pero descontentas, o solteras y felicísimas.

Y, sin embargo, algo queda en nosotros que tiende a asignarle un carácter positivo al matrimonio y uno negativo a la soltería; si no, por qué iban a tener tanto éxito los servicios de citas por internet y por qué se iban a esforzar tanto nuestras amigas en convencernos de que teníamos que darle aunque fuera una oportunidad a Pedrito el del departamento de Adquisiciones que no es para nada mal tipo y, bueno, sí, es un poco raro, pero todos tenemos nuestras cositas y, si lo piensas tantito, tampoco estás para ponerte muy exigente, ¿no? Ándale, no seas así; en una de ésas, hasta te gusta y ya tienes con quién ir al cine. Sin tener nada en contra del hipotético Pedrito, su departamento de Adquisiciones y su condición de raro pero no mucho, la premisa de que tener una pareja es indiscutiblemente mejor que no tenerla, así, en términos absolutos, no necesariamente tiene que ser cierta.

Sí, desde luego, existe el poderoso argumento de que tener una pareja, al menos teóricamente, es una garantía de que ya jamás en tu vida (dije teóricamente) te va a faltar ni compañía ni a quién ponerle unos besos. Y por lo general, vivir acompañado es preferible a vivir solo como hongo —aunque sea para tener quien nos detenga la escalera a la hora de cambiar los focos—; por más que a veces nos gustaría que nos hubieran criado los lobos y no pertenecer a una familia, tenemos que admitir que pasar días y días sin hablar con nadie a la larga no resulta tan buena idea (termina uno platicando con una pelota, como Tom Hanks, o, peor aún, inscribiéndose a *chat rooms* con pura gente muy excéntrica). Los seres humanos estamos hechos para vivir —y sobrevivir— en sociedad, y pensar que podemos ser felices en una existencia completamente individual implica un concepto de felicidad, al menos, discutible.

La trampa, como en tantas otras cosas, está en pensar que la tele ochentera y nuestros mayores tenían razón; que el lugar de Barbie era junto a Ken y que Miss Piggy nunca podría realizarse plenamente como mujer-puerquita si no era junto a su verde pareja, por más glamorosa, talentosa y admirada que fuera. Está bien que nos hayan dicho que sólo se podía ser casada o quedada, y que la primera opción era buenísima y la otra era horrenda, pero ya va siendo hora de que aceptemos que, por más que eso pensara nuestra mamá y nuestra mamá no se equivoque nunca, en este caso puede ser que sí, o que si no se equivoque, al menos sus conceptos ya no funcionen para la sociedad en que vivimos. Si lo pensamos un momento, nuestras mamás también nos enseñaron que andar sin medias —o, ¡Dios no lo quiera!, sin fondo— era algo que lindaba con la franca obscenidad y el exhibicionismo desvergonzado y, con todo, muchas de nosotras tuvimos nuestro momento definitorio al llegar a la adolescencia y, después de mucho debatirnos y pelear, decidimos que eso estaba bien para la época de nuestras mamás, pero que una vida desembarazada de la tremenda responsabilidad de unas medias que picaban y que nomás de verlas se rompían era muchísimo más agradable. Parte del gran trabajo de hacerse mayor consiste en reconocer que cargamos enseñanzas y discursos que no son nuestros —y que absorbimos sin cuestionarlos—, ponerlos a examen y quedarnos con los que nos sirven, independientemente del qué dirán. Después de todo, más nos vale llevar un inventario confiable de los esqueletos que guarda ese metafórico clóset que es el alma de cada uno, antes que llevarse un susto cuando

alguien abra la puerta de sopetón y se le venga encima una espeluznante cabeza de fémur.

4

¿A qué hora se casaron todos?

Donde la treintona se vive como la última soltera en el mundo

No sé cómo sea para el resto, pero para mí, la falta de pareja se siente de manera más aguda durante los fines de semana. Esos días en que no puedes armar ningún plan que no sea tumultuario, que no puedes planear una ida al cine porque no tienes con quién ir y, si bien entre semana no te molesta mayormente irte al cine sola, la perspectiva de lanzarte y encontrarte a alguien conocido —de preferencia, esa compañerita de la clase de ballet que siempre te veía feo porque la maestra siempre te ponía hasta adelante y luego se vengó cuando ella creció y adquirió un cuerpazo y tú... pues no— que se salga corriendo de la fila para irte a saludar y presentarte a Jero, su novio, y sí, viste bien, ése de su mano izquierda es un anillo de compromiso; esa perspectiva te da entre horror y flojera y prefieres quedarte en casa y fingir que es un día como otro cualquiera, no uno en el cual por dictado social tendrías que estar rodeada de gente y recolectando millones de anécdotas que el día de mañana te van a hacer reír enormemente y sentir nostalgia por las glorias pasadas. Yo, con un poquito que me descuide, vivo los fines de semana en que estoy metida en mi casa como una evaluación de mi desempeño como ser humano y ser social; y siempre me las ingenio para salir perdiendo.

Claro que no siempre fue así. No siempre me dio horror el fin de semana ni me negué a salir sola. Puesto que nunca he sufrido de eso que yo llamo el "Síndrome de Tarzán" (entiéndase, el que lleva a los seres humanos a no soltarse de una liana —o una relación, en este caso— hasta que tienen bien afianzada la próxima), y que ha aquejado a varias de mis amigas, durante la década de mis veinte pasé largos periodos sin novio y asistiendo a actividades sociales por mi cuenta y riesgo, sin mayor problema. Es más, conocí a un montón de gente interesante, viví situaciones y experiencias que de cualquier otra forma jamás hubieran sucedido y aprendí tácticas tan complejas como pararse junto a la mesa de las bebidas y sonreír muchísimo hasta que alguien se apiada de ti y te platica. Cuando tenía veinte y ser soltera era algo natural y a veces hasta recomendable (eso de emparejarse nada más porque sí no suele traer buenos resultados), la soltería era, más que un peso, una oportunidad de vivir nuevas experiencias y poner en juego la propia idea de uno mismo.

Tampoco es que en los treinta la cosa se ponga horrible; no es que el mundo se convierta en un páramo gris y desierto sin ninguna posibilidad de alegría o esperanza, pero lo cierto es que se pone más complicado. Sobre todo, porque cuando una llega a la soltería de vuelta a la mitad de los treinta, se topa con que el mundo entero —o lo que parece ser el mundo

entero, al menos– ya se casó, se emparejó o se entregó definitivamente a la soltería, y por lo tanto el asunto de buscar y
encontrar pareja pierde un poco el carácter de juego que tenía
en la década anterior y tiene la posibilidad de convertirse en
una carrera descarnada contra el tiempo. La treintona soltera,
entonces, tiene que aprender a respirar profundo, poner su
mejor cara y su mejor actitud y salir sola al mundo, sin guar-
darle rencor a sus amigos casados. La soltera treintona debe
aprender a tomarse las cosas con calma.

"A la víbora de la mar" o las tentaciones de la monogamia

El fenómeno suele comportarse como una epidemia, como una
enfermedad que se apodera de tu entorno social de forma súbita y repentina, y frente a la cual no hay vacuna ni inmuni-
zación posible. De pronto, un día recibes una llamada enfebre-
cida de una de tus mejores amigas porque su novio ya le dio
el anillo y "¡adivina qué, adivina qué, adivina qué!", ya tienen
fecha para la boda y "nos encantaría que fueras dama". Y lo
que sigue, es como cuando destapas una botella de champaña:
los anuncios y las bodas consecuentes se van sucediendo sin
parar, cual burbujitas de alegría. Llegados a cierta edad, los
seres humanos no sólo tienen prisa por emparejarse, lo cual
es natural, sano y hasta conveniente desde un punto de vista
evolutivo, sino que además tienen un afán loco por oficializar
el asunto y por involucrar a sus seres queridos en el trámite.

Participar de cerca en una boda, sobre todo si se trata de
gente que quieres, es fantástico. Te involucras hasta las orejas,

no le pones ni un pero al color del vestido, que no es el que más te favorece, ni al modelo, que francamente te hace ver como Merlina, la de los Locos Addams; accedes a visitar iglesias y jardines en las zonas más recónditas del país, a escuchar mariachis chafas y coros que hacen parecer a la estudiantina de tu escuela como los niños cantores de Viena, a revisar la ortografía y la redacción de las invitaciones; aprendes a mentir sin que te tiemble la voz —"por supuesto que no me importa que me sientes junto a tu primo Lalito, si ya casi ni me acuerdo de cuando me dijo gorda en medio de tus quinceaños"— y a aceptar sin chistar misiones como "y cuando tenga que hacer pipí, porfa necesito que me acompañes para que me ayudes con el vestido". Nada te parece muy difícil y a nada le pones peros, porque además de que lo haces por puro cariño, estás convencida de que estás abonando buen karma a tu causa: entre más comprensiva y cooperativa seas, más podrás esperar de tus amigas el día en que seas tú la del vestido blanco y ellas las que desfilan frente a ti. Las bodas de tus amigas son un recordatorio y una promesa de lo que te espera en un futuro.

Por supuesto, puede ser que te quejes amargamente y digas que estás harta y no puedes esperar a que pase la maldita boda de una maldita vez. Puedes voltear los ojos al revés y decir que si tu amiga te vuelve a hablar para quejarse de su suegra, que insiste en ponerse un strapless medio transparente y qué onda con esa señora que no se ubica de la edad que tiene, aunque haga Pilates todos los días y tenga mejor cuerpo que tú y tu amiga, le vas a retirar el habla y te vas a mudar a Belice; puedes coludirte con tus otras amigas y mentar madres por las horas y horas que has dedicado a debatir los pros y los contras del talle imperio (es muy generoso y tiene la enorme

ventaja de que ahorra el corsé tipo señorita del siglo diecinueve, pero a cambio la novia corre peligro de parecer emba-
razada de seis meses) o la ventaja de las astromelias frente a
los montecasinos para los centros de mesa, pero la verdad es
que estás encantada y te sientes importantísima. Por más que
finjas que ya estás harta, disfrutas cada momento y estás encantada de compartir esa experiencia con tu amiga.

El problema viene el día después de la boda. El día en
que, cruda y desvelada, con los pies que se niegan a funcionar
después de más de doce horas de torturarlos dentro de unos
tacones que te apretaban, pero eran del tono exacto de tu
vestido y ni modo, y con la terrible sospecha de que en algún
momento, contagiada del amor que se respiraba en el aire, le
confesaste al primo Lalito que, a pesar del incidente de los
quinceaños, la verdad siempre se te había hecho guapísimo y
un partidazo, aunque todo el mundo dijera que era gay; ese
día, encima de todo, tienes que cargar con la nueva realidad:
tu amiga ya te pertenece un poco menos. Ya es más de su marido y menos tuya. Desde luego que esto no es nuevo; hacía un
rato que su ahora marido, entonces novio, salía con ustedes y
era parte de tu vida, y hasta lo quieres y te parece maravilloso
que se hayan encontrado. El problema es que ya es oficial que
ellos son una unidad y, sin que eso tenga nada de malo —al
contrario, qué bueno por ella y por él—, te hace sentir un poco
sola y como si en lugar de ganar un amigo hubieras perdido
una amiga. El vínculo estrechísimo que habían tenido las dos
como mujeres solteras, se disuelve un poquito ahora que ella
es una mujer casada.

Conoces bien este proceso, básicamente porque tú has estado en el lugar de la amiga que se casa o se empareja en

forma definitiva (o eso crees en ese momento, al menos) y, por más que te dices que las cosas no van a cambiar, que vas a seguir reservando en tu vida un espacio para tus amigas y tus amigos de cuando eras soltera, lo cierto es que de pronto estás tan inmersa en tu nueva relación, que te olvidas de todo. Que arroje la primera piedra quien nunca en su vida ha salido con "yo sé que habíamos quedado de vernos este jueves, querida, pero resulta que Gaudencio tiene una cena con sus jefes y quiere que lo acompañe; es que, ¿sabes?, es de parejas; pero sin falta te hablo la semana que entra y nos vemos, te lo juro". Por supuesto, pasa la semana que entra, y la que entra después de esa y nomás no encuentras un huequito en tu agenda para nadie que no sea tu nuevo amorcito, y, cuando te das cuenta, ya tienes una culpa tan espantosa que prefieres ni mover las aguas. El hecho de que el día después de la boda de tu amiga despiertes no sólo con dolor de pies y de garganta, sino con una cruda emocional terrible, tiene que ver con que sabes perfectamente que, si la dejamos, la monogamia tiende a hacernos pensar que el mundo está poblado exclusivamente por dos personas.

La vida como hongo: problemas de la soltería en segunda vuelta

La treintona que acaba de llegar a la soltería se topa muy rápidamente con que el mundo como lo conocía antes de emparejarse ha dejado de existir. Por supuesto, los lugares a los que nos gustaba ir para conocer gente y ligar ya no se llaman así y ya son otra cosa, repleta de escuincles que tienen que haber entrado de forma ilegal, porque no es posible que tengan credencial de elector, y que bailan una música infernal que nadie había oído jamás —lo terrible es que sí tienen credencial de elector, es más, probablemente votaron en 2006, y conocen las canciones de memoria, porque ellos sí son jóvenes y están saliendo por primera vez al mundo, no como una—; salir de tu casa después de las diez de la noche te parece un despropósito y ya no sabes ni qué ponerte ni cómo atraer la atención del barman, y mucho menos, qué pedir una vez que, de manera completamente accidental, la conseguiste (ya no estás en edad de beber cerveza como si no tuviera calorías, y pedir un Martini o un vino tinto, que es lo que bebes ahora, te parece francamente ridículo; ya en ésas, mejor pides un rompopito y le cuentas a la escuincla del visible arete en el ombligo que está junto a ti que en tus tiempos sí había moral y que todavía te acuerdas de cuando los teléfonos funcionaban con veintes). Todo en este nuevo lugar parece gritarte que has perdido el paladar, la edad y la energía para frecuentarlo.

Pero lo de menos es que el lugar que antes te encantaba ya te parezca ruidoso, que te desesperes después de diez minutos de intentar sostener una conversación con un tipo que se acercó a platicarte (terminas por sonreír y asentir con la cabeza a todo lo que dice, confiando en que no estás accediendo a cederle todas tus propiedades y bienes futuros con tal de no seguir con el jueguito de "¿PERDÓN? ¡ES QUE NO TE OIGO! ¡AH, SÍ, A MÍ TAMBIÉN ME CHOCA EL TRÁFICO DE REVOLUCIÓN!") y que a partir de las doce pienses constantemente en tu casa y tus cobijas con auténtica nostalgia. Si bien esos cambios son muy evidentes y hacen que tu corazón llore un poco de pensar en que ya no eres la de antes, no son tan graves; lo verdaderamente grave

65

es darte cuenta de que los que ya no son los de antes son tus amigos. O sí lo son, pero son ellos y sus parejas de ahora. No contabas con que esta nueva época de tu soltería la ibas a tener que afrontar prácticamente solita y tu alma.

O sea, tampoco es que eso sea cierto; no es verdad que estés solita. Decir eso sería juzgar injustamente a tus amigos que se aventaron interminables conversaciones más repetitivas que un ciclo de lavado intenso tratando de ayudarte a definir si te convenía o no separarte de tu ex (todo para que, después de horas de que se desgastaban en darte argumentos, tú salías con que ibas a hacer lo mismo que tenías planeado hacer desde un principio, pero de veras mil, mil gracias, no sabes lo importante que es para mí que me escuches y me aconsejes), así como a todos los demás con los que sales a cenar, a comer o a tomar algo entre semana, y que constantemente se preocupan por que te la estés pasando bien y no inviertas más tiempo del estrictamente necesario jugando a los panditas por el despeñadero emocional. Por supuesto que no es cierto que estés sola, si para eso te has dedicado a cultivar a tus amigos y a procurar ser una persona decente y amable con ellos, pero sí es cierto que estás sola en esta empresa de conseguir una nueva pareja; en esta especie de adolescencia *reloaded* a la cual te has visto orillada gracias a tus decisiones recientes. En este momento de tu vida, has perdido a quienes fueron en algún momento tus compañeros de aventura, el Citripio de tu Arturito, tus cómplices de caza y pesca, y nada te había preparado para esa situación.

Esta situación de la desaparición de los solteros no te pareció tan evidente mientras tú misma tenías novio y pertenecías a una pareja. Cómodamente instalada en tu condición de mujer emparejada, veías ir y venir a tus amigos de una cita a otra, de un prospecto a otro, mientras tú juzgabas con ánimo benevolente, intercambiabas impresiones con tu novio y sólo te atrevías a expresar tus recelos directamente a tus amigos cuando el interfecto o interfecta estaban definitivamente fuera del mapa ("ay, Pepe, qué bueno que ya no sales con Marcelita, porque siempre me latió que sólo te quería por tu Brasilia '84"); cuando finalmente alguno dejaba la soltería, te alegrabas de poder organizar cenitas, idas al cine y planes "de parejas" y a los que se seguían quedando rezagados, te limitabas a verlos entre semana o en ocasiones más grupales y, eso sí, procurabas presentarles gente o aconsejarlos para que dejaran su condición soltera lo más rápidamente posible. Quién te iba a decir que, a la larga, tú volverías a verte como ellos, y que sería a ti a quien le tocaría ir a las fiestas sin pareja y sentirse un poquito fuera de lugar.

Porque lo cierto es que no te lo esperabas. Cuando renunciaste voluntariamente al mundo de los solteros, todavía se armaba un plan todos los fines de semana y el domingo en la mañana, cuando tu novio y tú estaban decidiendo a casa de los papás de quién estaría bueno ir a comer, tenías que reservarle varias horas al asunto de escuchar los diversos recuentos de trinchera de tus amigos y su sábado en la noche: quién había ligado con quién, a dónde habían ido, qué mesero de qué antro seguía en la necia de invitarle vodkatónics a cuál de tus amigas —a pesar de que aquello no tenía futuro y aquella nomás se dejaba querer y embriagar, y no accedía a darle ni la mano, vamos— y tú colgabas y te sentías un poco envidiosa de sus noches arrebatadas y llenas de promesas, con todo y que pensabas que era mil veces mejor tener estabilidad y una relación seria y duradera. Según tú, el mundo no se había movido y tú ibas a poder volver a entrar a esa dinámica sin ningún problema, porque todo —hasta los teléfonos de veintes— te iba a seguir esperando.

Oh, sorpresa, no fue así. El primer sábado en que trataste de organizar un plan, resultó un tremendo fiasco. Uno tras otro, tus amigos —que quién sabe a qué horas se consiguieron novios y parejas formalísimos, hasta aquéllos que pensabas que no iban a salir ni en rifa— te fueron dando las razones más excéntricas por las cuales no podían salir contigo: desde el bautizo del hijo del jefe en Cuernavaca (¿bautizo?, ¿hijo?, ¿jefe? Todo, a tus oídos de adolescente *reloaded*, sonaba como idioma extranjero), hasta unas extrañas alergias que obligaban al reposo absoluto, pasando por supuesto por el perro todavía no se puede quedar solo y, obviamente, no conseguimos niñera para el bebé con tan poca anticipación. El primer sábado, pues, te quedas vestida y alborotada, pero decides que esto no se va a quedar así y vas buscando solteros por el mundo que quieran unirse a tu plan de ahora en adelante. Total, es cosa de semanas en lo que vuelves a encontrar otra pareja y la cosa recupera su cauce normal. No te imaginas que, lejos de eso, tienes frente a ti meses, si no años, de salir sola y, al hacerlo, reinventarte y repasar tus conductas.

No me ayuden, compadres: multitudes de tres

Como siempre en la vida, hay que tener cuidado con lo que uno desea. Basta con descuidarse un segundo, con ver un capítulo de más de *Grey's Anatomy*, para convencerse de que para todo el mundo es facilísimo encontrar el amor verdadero —aunque sea de un lado al otro de la plancha de cirugía, con un paciente abierto en canal en medio de los dos—, menos para una. Y justo ese estado vulnerable y quejica es el que nos lleva a tomar decisiones más arrebatadas y tremendas. Cubiertas por ese manto de autocompasión, por ejemplo, decidimos que si de todas maneras nadie quiere salir con nosotras, qué más da que nos compremos una caja entera de chocolates y la despachemos íntegra en una tarde (con los consiguientes remordimientos y retortijones) o, en ciertos casos, que es una gran idea salir un sábado en la noche con nuestro mejor amigo el Cuco y su novia a un bar de la Condesa.

En teoría, ésta no es una mala decisión. Desde luego, el Cuco y tú se conocen hace millones de años, se han acompañado a través de las buenas, las malas y los cortes de pelo exóticos que te dejan en arresto domiciliario durante un mes en lo que aquello se soluciona y, además, esta mujercita que ha encontrado por la vida es una encantadora persona que entiende la relación entre ustedes y ha hecho un gran esfuerzo —similar al que tú has hecho con ella— por llevarse bien contigo. Lo cual no ha sido complicado, porque los tres tienen montones de asuntos en común y cuando se ven en fiestas la pasan de lo mejor y tienen historias y fotografías que así lo demuestran. Es más, si hubieras conocido a la chava en cuestión por cualquier otro medio, probablemente también se habrían hecho amigas y te hubiera caído súper bien, así que una noche con esos dos suena como una gran idea.

Por si tu empatía con ambos no fuera suficiente razón, estás en tu etapa de decir que sí a todo. Al grito de "santo que no es visto, no es adorado", a la mínima intimación te quitas los jeans flojos y la playera desteñidona, que se han convertido en tu uniforme de trabajo, y hasta experimentas nuevas modas y técnicas de maquillaje (¿quién dijo que los *smoky eyes* eran una fantasía inalcanzable? ¡Gracias, YouTube!) y te lanzas a la calle en cuanto percibes un asomo siquiera de invitación. Da igual que sea día de campo, fiesta infantil, comida, cena, brunch, café, té o hasta velorio, a todo te apuntas y no le haces el feo (casi) a ningún plan.

Así las cosas, no bien terminas de hablar con tu amigo y de ponerte de acuerdo en la hora en que van a pasar a recogerte, cuando ya estás pensando si no necesitarás salir corriendo a pedirle a la manicurista que te reciba de urgencia y si será prudente ponerte esos tacones que te encantan pero no sabes si sean lo mejor para salir a bailar. A juzgar por el tiempo y la energía que inviertes en arreglarte, cualquiera diría que hace meses que no pisas la calle: el hecho de tener un plan en puerta te entusiasma y te ciega hasta el punto de ignorar el hecho de que, más allá de salir con dos amigos, estás a punto de salir con otra pareja.

Desde luego, esta realidad no te pasa desapercibida mucho tiempo. En el segundo mismo en que te subes al coche en el asiento de atrás, sin que a nadie se le ocurra, lógicamente, que pueda ser de otra manera, te das cuenta de que la noche va a ser complicada. De alguna forma, salir en condición de soltera con una pareja establecida hace que te sientas excluida, sin importar cuántos esfuerzos hagan tus amigos por hacerte sentir cómoda. Digamos que se te alborota lo soltera y, de pronto, sientes como si trajeras colgado del cuello un letrero enorme que dice "SIN NOVIO Y CON ALTAS PROBABILIDADES DE MORIR SOLA COMO UN PERRO", y no porque tu amigo y su novia sean descorteses o se hayan olvidado de ti, al contrario: son amabilísimos —tal vez demasiado— y te dedican grandes cantidades de atención, preguntando por todos tus proyectos y hasta accediendo a bailar en un incomodísimo círculo de tres con tal de no abandonarte a tu suerte, sino porque entiendes que es una dinámica que no funciona: mientras que ellos están conformes con su propia compañía y con estar contigo, tú no; tú saliste a ver y que te vieran, aprovechaste la oportunidad para aparecerte por la vida nocturna y no estás dispuesta a desaprovecharla platicando con estos dos, que si bien son encantadores, no van a cambiar tu condición de soltera, pero te sabe mal decírselo y entonces terminan los tres pasando una noche muy rara. Si el grupo fuera un engrane, tú serías esa ruedita que chirría todo el tiempo sin remedio.

La monogamia como sistema excluyente

Más arriba dije que la monogamia puede hacernos pensar que el mundo está poblado exclusivamente por dos personas. Pues sí, aceptémoslo: a nadie le gusta pensar que es egoísta, pero el romance, sobre todo en sus primeras etapas, suele traer consigo un fuerte elemento de egocentrismo; de pronto, el mundo se queda reducido a dos personas y no hay poder humano que pueda demostrar lo contrario. No es que se deje de querer a los amigos o que ya no importen, es que pasan a un segundo plano en función del romance, que es como un cachorrito frágil al cual hay que dedicarle atención, y entonces los amigos sólo funcionan como el veterinario al cual uno le habla a las tres de la mañana con angustias frenéticas (por si no queda clara la metáfora, en esta etapa el amigo tradicionalmente sólo sirve para contestar extensivamente preguntas como "¿tú crees que deba preocuparme si el otro día pasaron cinco milésimas de segundo más de las necesarias entre que dijo mi nombre y luego dijo 'mi novia' cuando nos encontramos a sus amigos en el cine?"; la chamba del amigo, por supuesto, es decir cuarenta veces que obviamente no, y luego colgar y desaparecer hasta la próxima crisis), porque se tiene la idea de que los amigos van a seguir ahí, al pie del cañón y de lo más dispuestos a hablar contigo de otro tema que no sea tu pareja, en cuanto tu vida sentimental adquiera una cierta estabilidad. Si para eso son tus amigos, ¿no? Tu relación de pareja, en cambio, es tan nueva y tan exclusiva que requiere toda tu atención y todo el tiempo que puedas brindarle.

La labor del buen amigo es aguantar y esperar a que pase el frenesí. Después de todo, no hay que perder de vista que en esto del amor y el romance la química tiene un papel central: durante un rato, los integrantes de la nueva pareja están constantemente "pasoneados" de hormonas y sustancias diversas que los hacen sentirse en las nubes y que convierten una tarde contigo —o con cualquier otro ser humano distinto de su pretenso o pretensa— en un absoluto desperdicio; a ver, ¿quién querría masticar un apio si pudiera, tranquilamente, despacharse una caja completa de chocolates? Pues así más o menos es como funciona el asunto entre tu amigo recién emparejado y tú; no es que no le caigas bien o no te quiera, es que en esas circunstancias es un yonqui que no puede, ni quiere, privarse de su droga.

Lo cual está maravillosamente bien para tu amigo, pero significa que, sin necesidad de que nadie se ofenda, la vida social que compartían tú y él tiene que cambiar ahora que tú eres soltera y él una persona en pareja. Simplemente, cada uno tiene necesidades distintas que se vuelven incompatibles en ciertas situaciones, así que más te vale hacerte pronto a la idea de que, si bien él y su novia son grandes candidatos para ver todos juntos un partido de futbol, para ir a una de tantas bodas que son a kilómetros de la ciudad o para ir al cine o a cenar, ya no son buenos compañeros para salir de noche en busca de aventuras, y más te vale llegar a esta conclusión de buen modo y sin hacer dramas innecesarios. Nadie se ha peleado, solamente tiene que existir una leve y natural distancia.

Porque el hecho de que tus amigos se hayan emparejado no quiere decir que tú estés obligada a quedarte ahí para siempre, observando en primera fila cómo se desarrolla el romance y cuán asquerosamente felices y pizpiretos se ven los dos. O peor aún, saliendo con ellos y pidiéndoles que pongan más cara de que se quieren mucho y son pareja, de manera que a todos los habitantes del establecimiento les quede bien claro que ellos dos vienen juntos y tú estás soltera y disponible. Con la pena, muchachos, pero una tiene una misión que cumplir. Puedes dedicarle tu atención exclusiva y desbordada durante la semana, pero los fines de semana tienes que replantearlos y dedicarlos ahora a ti misma y a lo que tú necesitas.

Ahora que eres una treintona que vuelve a visitar la soltería para darse cuenta de que ya casi nada, ni nadie, es como te acordabas, tienes de dos: o te pones la mano en la frente y te tiras en tu diván de diva diciendo que eres la última de tu especie que no tiene pareja y que por lo tanto morirás sola y desamparada, comida por los lobos, o te la tomas con calma y aprovechas esta nueva situación para divertirte e identificar lo que más te acomoda de esta nueva situación y lo que realmente se adapta a tus necesidades y gustos. En lugar de quedarte en casa, surcando Netflix en pos de una serie que no hayas visto ya mil veces y no incluya naves espaciales cayendo sobre el mundo, o de vivir lamentándote porque todos —desde tus amigos hasta la feísima y bizca de Sandra Oh— ya encontraron al amor de su vida y tú sigues pidiéndote tus propios vodkas con agua mineral y un chorrito de arándano (te tardaste, pero encontraste un trago a tu gusto), puedes agradecer que vives en una sociedad que permite a las mujeres pedirse sus propios vodkas, encontrar nuevos amigos de aventuras y salir con ellos a visitar la barra y platicar con la mocosita del arete en el ombligo. ¿Quién sabe? En una de ésas, hasta tiene un hermano grande que pueda presentarte.

5

Tic-tac: verdades y mentiras del reloj biológico

Donde la treintona se cuestiona si será momento de cambiar pañales

Sábado en la mañana. Abres un ojo y contemplas todas tus opciones. ¿Será cosa de ir a nadar un rato? ¿O mejor te das el día y te quedas un rato en cama, viendo la tele con un café, y tal vez te lanzas como a la una a un mani-pedi? No sería mala opción: tus cutículas ya son como de personaje de *Lost*, y tus talones parecen lijas después de tantos días de caminar muchísimo y no usar calcetines. De pronto, ves la fecha y como que te quieres acordar de algo... en cosa de segundos, se derrumban tus ilusiones, tus fantásticos planes y, casi, casi, hasta tus ganas de vivir; se te había olvidado que te espera uno de los rituales más agobiantes de la treintona soltera: una fiesta infantil.

En ese momento, ves tu mañana pasar frente a tus ojos y maldices a tu suerte. No porque no quieras a tu amiga o pariente —que, en un arrebato de amor y probablemente porque siente, a partes iguales, unas ganas enormes de verte y una pena terrible de pensar que te deja fuera del plan, te invitó a la fiesta de cumpleaños de su hijo o hija—, para nada, la quieres muchísimo y, si has de ser sincera, te parece una gran idea que haya decidido tener hijos, porque es de lo más responsable y organizada; el problema es que, si ya de por sí la habías perdido un poco cuando se casó, en el momento mismo en que decidió volverse madre, automáticamente se colocó en un sitio en su vida que tú ya no compartes, por más que quieras. La distancia entre las treintonas que son madres y las que no lo son es muy difícil de negociar, sobre todo en ciertas situaciones.

Y las fiestas infantiles son el ejemplo perfecto de esas situaciones. Por más que hagas tu mejor esfuerzo de levantarte de la cama y mentalizarte durante todo el trayecto sobre cómo es una ocasión social igual a otra cualquiera donde puedes divertirte y, en un descuido, hasta comer un pastel decente, en cuanto traspasas el umbral te das cuenta de que desentonas horriblemente. Lo de menos es que no vengas equipada con una criatura (podrías fingir un acento fresa medianamente creíble y explicar que tus niños están ahí, junto al brincolín, jugando con la nana, mientras gesticulas vagamente hacia un bonche de niños, sin entrar en detalles), pero en cuanto saludas a tu amiga, que casi no tiene tiempo ni de reconocerte, ocupada como está repartiendo bolsitas y dirimiendo controversias sobre los turnos de la piñata, y te sientas en una mesa, te das cuenta de que eres un bicho raro. Miras a tu alrededor y no ves ni una sola cara conocida; te presentas y caes en cuenta de que todas son "nuevas amigas" de tu amiga, adquiridas en el curso de parto psicoprofiláctico, en la guardería, en el parque o en algún otro tipo de ambiente relacionado con la formación y crianza de una familia; por supuesto, en el momento en que tú misma te presentas y respondes un par de preguntas, queda inmediatamente de manifiesto que a) eres de la misma edad que la organizadora de la fiesta (o sea, mayorcita) y b) no sólo no estás casada, sino que no tienes hijos. Y la distancia entre tú y las madres se pone en evidencia.

Hasta ahí, la cosa está ruda, pero soportable. Te sirves un vaso grande de agua de jamaica, convences a uno de los hijos de tu amiga de que te comparta algunos de los dulces que se ganó en la piñata y, Paleta Payaso en ristre, te contentas con escuchar la conversación que sucede frente a ti, una cosa muy extraña que involucra niños, escuelas, pediatras y piojos. Llegadas las cosas a ese punto, inclusive te permites bajar la guardia y hacer algún comentario sobre tu enorme sabiduría que te ha salvado hasta el momento de traer al mundo una criatura que te meta en tales aprietos. Vamos, te das el lujo de manifestar compasión a las madres.

Oh, error. Inmediatamente, sienten vulnerada la esencia misma de su ser: ¿cómo te atreves tú, solterona sin hijos, a cuestionar la gloria y milagro de la maternidad? Las más prudentes, por más mal que les haya caído tu comentario, deciden que no vale la pena hacerte caso, te tiran a loca y siguen con su disquisición sobre champús especiales y peines de dientes muy cerrados, pero las que no son tan listas deciden que es momento de ponerte en tu lugar. Y te preguntan, como quien no quiere la cosa, si a ti no se te antoja tener hijos y, en caso de que sí, qué demonios estás esperando; dependiendo del grado de maldad, pueden rematar su argumento con algo como "es que el reloj biológico se pone terrible, el mío estaba enloqueciendo, y eso que yo era mucho más chica". Ni toda el agua de jamaica del mundo es capaz de ayudar a tragarte ese comentario, por más consciente que seas de que tú te lo buscaste.

Lo biológico del reloj biológico

En tu nueva condición de treintona soltera, puedes ponerte al día con relativa rapidez en cuanto a la ropa, la música y los peinados —hasta aprendes a contener el impulso de explicar que el original ochentero de esta o aquella canción era mucho mejor, cada vez que escuchas un cover infame—, pero en alguna parte de tu cerebro y tu corazoncito, ésa a la cual sólo tú tienes acceso, sabes que por más que te hagas la loca, tu cuerpo está madurando a la par que tus emociones y que ya no eres una chavita, aunque bajo cierta luz y con ciertos atuendos a veces hasta lo parezcas. En otras palabras, tu reloj biológico sigue su marcha, sin detenerse.

No hay pretextos ni razonamientos que valgan: por más que no quieras pensar en ello, a los treinta, tu cuerpo es muy distinto que a los veinte, y no sólo es que ya no resistas salir viernes, sábado y domingo y luego presentarte a trabajar el lunes con cara de que aquí no pasó nada, ni que ya te sea físicamente imposible merendar papas, cervezas y un plato colmadito de frutilupis sin que los irritantes y el colorante morado te dejen el estómago y el colon hechos pomada, sino que pasa eso que es mucho más complicado de manejar, pero que ahí está: puesto que pusiste suficiente atención en tus clases de Biología de la secundaria, sabes que cada vez tienes menos óvulos, que los que te quedan están empezando a envejecer y a volverse inservibles y que, por lo tanto, tu ventana de fertilidad se va cerrando poco a poco. En otras palabras, sabes que te va llegando la hora de decidir qué hacer con respecto a los hijos.

En otro tiempo, esto ni siquiera sería un asunto a meditar. Y tal vez ni siquiera en otras sociedades: si vivieras en otro tiempo, o si te hubieras planteado tu vida en otros términos, estarías cumpliendo por lo menos unos ocho años de matrimonio como Dios manda, con un candidato medianamente decente, y tendrías al menos un par de hijos que llenarían tu vida de alegrías y preocupaciones por igual. No obstante, tú eres tú y tus decisiones vitales te han conducido por otros caminos completamente distintos; no tienes hijos —no tienes ni mascota, vamos—, y a estas alturas de tu vida sigues sin plantearte seriamente la cuestión de si quieres o no tenerlos. Tal vez pensaste que un día llegaría la persona ideal para formar una familia y la pregunta se respondería por sí misma, o quizá que jamás llegaría este día y tus veinte iban a durar para siempre, pero el caso es que, comoquiera que haya sido, la pregunta te asalta setecientas veces al día y ya no puedes seguir sacándole la vuelta. Ha llegado la hora de la sinceridad.

Este proceso, como el del matrimonio tradicional, también es de los que te tomaron por sorpresa. Nada te preparó para rebasar los treinta y tantos sin hijos y, peor aún, sin la certeza de que querías tenerlos; ¿cómo, si una de las navidades más emocionantes de tu infancia fue aquélla en la cual llegó a ti una muñeca Cabbage Patch, que venía con todo y certificado de adopción y era tuya, solamente tuya, para querer, cuidar, vestir, alimentar y educar? ¿Cómo, si desde la primaria discutías con tus primitas los nombres de tus hijos y hasta te peleabas por quién tenía más derecho sobre Enrique o Nicolás (tú, naturalmente, porque los habías pedido desde cuándo)? No había discusión: la niña que fuiste iba a tener hijos y los iba a educar espléndidamente, al tiempo que negociaba su carrera de maestra o de estilista o de ejecutiva (dependía del mes). El problema es que fuiste creciendo y esa certidumbre absoluta se fue diluyendo y llenando de condiciones: hijos sí, siempre y cuando encuentre un marido; hijos sí, siempre y cuando tenga cómo mantenerlos; hijos sí, siempre y cuando no implique dejar de lado mi vida profesional y personal, y así, un largo etcétera. De la misma forma en que perdiste el gusto de jugar a la casita, hacer la comidita y barrer, tu vocación inequívoca de madre también se fue quedando en el camino.

De hecho, el asunto de los hijos quedó relegado frente al mucho más apremiante de convertirte en parte de una pareja. Después de todo, el planteamiento era sensato, ¿no?, primero te hacías de un padre para tus hijos y luego ya, entre los dos, se hacían de los hijos. Durante la década de tus veinte podías darte el lujo de desdeñar olímpicamente los cuestionamientos y presiones de tu entorno aduciendo, de manera muy sensata o eso creías tú, que estabas en la búsqueda de un hombre responsable y maduro con el cual formar una familia. El argumento funcionaba porque se apegaba a lo que te habían enseñado y porque, después de todo, no te corría ninguna prisa.

A los treinta, en cambio, ya casi nadie te lo pregunta —probablemente, a todo el mundo le da cierto pudor ponerte frente a semejantes dilemas existenciales, si ya de por sí de pronto se te alebresta el genio cuando te sientes asaltada por preguntas desagradables—, y a cambio sucede algo más terrible: te lo preguntas tú misma. Vas por la calle, de lo más quitada de la pena, y te topas con una mujer de tu misma edad, corriendo porque ya son casi las ocho y tiene que dejar a su hijo en la escuela. Quieras que no, volteas a ver tu propia vida y no puedes evitar hacer una comparación y pensar si no será hora de empezar a conseguirse una criatura a la cual enseñarle que hay que lavarse las manos, que hay que pedir las cosas "por favor" y que ser Power Ranger no es una carrera viable que se pueda aprender en la universidad. En vista de que el esquema de "primero el marido y luego los hijos" no está funcionando del todo, piensas si no será momento de tomar el asunto en tus manos y hacerte de los hijos, sin el marido, antes de que sea demasiado tarde.

La decisión que pensabas que se iba a dar en pareja y desde un cómodo y seguro entorno matrimonial, empieza a perfilarse como completamente personal y, por si fuera poco, acompañada de un plazo fatal que no te ayuda en nada a sentirte más cómoda. Por muy a la ligera que te tomes el asunto, se trata de una decisión que va a transformar completa e irreversiblemente tu vida y la de aquel otro ser humano que traigas —o no— al mundo. Si bien es cierto que, desde un punto de vista biológico y evolutivo, nuestra única función en este mundo es reproducirnos y así continuar con la especie (así haya especímenes que sugieren que tal vez sería mejor dejar el asunto por la paz y resignarnos de una vez por todas a la extinción total), vista desde una perspectiva individual la cosa no es tan sencilla. Hoy en día, las mujeres (algunas, desde luego, pero habría que pugnar porque fueran todas) tienen la posibilidad de elegir cuándo tener hijos e, inclusive, si quieren o no hacerlo. Al mandato biológico que nos llama a perpetuar la vida humana se contraponen otra serie de razones de índole personal, y la mezcla, si no se está muy convencida de ninguna de las opciones, puede provocar altos niveles de ansiedad.

Es cierto que no vivimos aislados, sino que funcionamos en sociedad, y es difícil escapar a la mentalidad colectiva. Vamos, no nos pongamos exquisitos: de pronto, todas tus amigas que ya se casaron —o que ya se cansaron de esperar a casarse, cualquiera de las dos— empiezan a tener hijos cual si fueran Gremlins rociados con agua y tú tienes de dos sopas: o dejas que te arrastre la ola de las hormonas y te consigues un bodoquito propio y te subes a esa rueda de la fortuna que es la crianza y la educación de otro ser humano, o te resignas a seguir el proceso desde los laterales y a cuestionarte continuamente tu decisión: ¿será que ellas están en lo correcto y tú no?, ¿será que tendrías que estar buscando la forma de embarazarte y procrear, pero ya?, ¿será que, cuando finalmente te decidas, si es que finalmente te decides, ya va a ser demasiado tarde y te vas a arrepentir el resto de tu vida? Para variar, en cuanto empiezas a buscar te topas con que no hay una respuesta universal para este dilema, o que las respuestas que hay ya las conoces y no te acomodan, y que tienes que encontrar una que se acomode a quien tú eres, a lo que tú necesitas y a las decisiones que has ido tomando en tu vida. Poquita cosa, pues.

Ser madre sin ser esposa

Por supuesto, no todas las treintonas solteras entran en estas angustias existenciales —o, si acaso entran, salen rapidito—, básicamente, porque existen aquéllas que tienen la certeza absoluta de que su futuro está poblado de uno o más hijos, sin discusión. Son esas mujeres que no han renegado de la enorme emoción que les procuraba darle de comer a su muñeca Lilí Ledy o sacar a pasear a su Cabbage Patch en su carreolita, y están dispuestas a reproducir esa misma experiencia, y a aceptar esa tremenda responsabilidad, por cualquier medio posible, independientemente del hecho de no formar parte todavía de una pareja estable. Como Susanita, la de *Mafalda*, han dado un metafórico zapatazo contra el piso y han declarado "¡Voy a ser MADRE!", con todas las mayúsuculas y certezas que el hecho requiere, y el hecho de no tener una pareja estable no les parece motivo suficiente para dejar de lado su vocación; si su situación vital las ha llevado a convertirse en madres solteras, están dispuestas a hacerlo, sin conflictuarse mayormente.

Supongo que cualquier treintona inteligente que se respete se ha topado en la vida con este tipo de mujeres. Son independientes y autónomas y, por la razón que sea, no han encontrado una pareja suficientemente satisfactoria para formar una familia convencional —esto es, como nos dicen que deben ser, de mamá, papá e hijos, que no tradicional, porque en México, país donde las figuras paternas funcionales no abundan del todo, la familia "tradicional" consistiría más bien en una mamá, tres tías, dos abuelas, un abuelo, dieciocho chilpayates, diez primitos y hasta un perico—, por lo cual han decidido que no están dispuestas a esperar más, que su reloj biológico sigue andando y que es momento de buscar la mejor forma de convertir en realidad sus sueños y planes de ser mamás. Al igual que existen millones de mujeres que se embarazan en forma accidental (y bastante irresponsable), hay muchas que en cierto momento de su vida toman una decisión consciente y se lanzan a la aventura de la maternidad soltera.

Ahora bien, por más que las mujeres puedan prescindir de la pareja para ser madres, sigue existiendo el pequeño detalle de que para fabricar a un ser humano es imprescindible, de alguna u otra forma, contar con un hombre (o con la materia prima, al menos), y de la forma en que se resuelva este asunto depende, en buena medida, el éxito de la empresa a largo plazo. Mucho cuidado con dejarse engañar por cualquiera de las dos Jennifers (López o Aniston), pues ambas hicieron películas malonas donde, en un momento de desbarajuste hormonal y existencial, la heroína decide utilizar a su mejor amigo de donador de esperma y en el camino, ¡oh, qué cosas de la vida!, termina convirtiéndolo en el marido de sus sueños; dirán lo que quieran, pero a mí no me parece sensato actuar como si esto fuera una constante y pudiera una ir por la vida pensando que puedes compartirlo todo —hasta la progenie— con tu mejor amigo y esperar que las consecuencias sean siempre positivas y color de rosa. Puesto que las treintonas solteras hemos aprendido a la mala que la vida se parece poco a las comedias románticas (y, todavía menos, a las malas y facilonas), creo que es mejor idea no albergar expectativas a este respecto y, más bien, pensar con mucho cuidado cómo, y en qué terminos, se plantea la relación con el padre biológico en potencia.

Hay mujeres que tienen este asunto muy claro. He conocido casos de chicas muy ejecutivas y pragmáticas que buscan entre sus excompañeros de escuela, colegas o conocidos algún candidato deseable y viable, lo invitan a desayunar y le proponen, sin rodeos, un muy minucioso plan de acción: le dan a elegir desde únicamente aportar la materia prima y luego

olvidarse del asunto, hasta participar activamente en la crianza y educación del individuo resultante, comprometiéndose
a poner todo por escrito y no dejar que la cosa se complique
innecesariamente. Por lo que he visto, quienes optan por estas
vías de acción suelen ser quienes previamente eligieron ser
ejecutivas o abogadas, y piensan que todo en esta vida puede resolverse sin dramas ni conflictos innecesarios siempre y
cuando los términos se planteen de forma clara y ambas partes sean sensatas y confiables. Para ellas, conocer al sujeto en
cuestión representa una seguridad y una forma práctica y fácil
de abordar el proceso, por lo que entablar una relación clara y
madura con él no representa ningún problema: se lo plantean
únicamente como el medio para conseguir un fin, sin falsas
expectativas ni romanticismos innecesarios.

Obviamente, un arreglo de ese tipo implica un cierto carácter y una tendencia a la claridad y al pragmatismo que no
todo el mundo tiene (mucho menos, en lo que respecta a estos
asuntos); se necesita que el cerebro te funcione de cierta forma
para que no te hagas marañas mentales y dejes que la relación
se complique inútilmente. Por ello, otras mujeres optan por
procedimientos mucho más "higiénicos" desde un punto de
vista emocional: algunas acuden a lugares especializados en
adopción (aunque el proceso para mujeres solteras es mucho
más complicado de lo que ya de por sí es para las parejas es-
tablecidas) o a clínicas especializadas donde la cosa es todavía
más impersonal; revisan un catálogo o un expediente, cumplen con una serie de requisitos, y al final del trámite tienen
un pequeño o pequeña. De esa manera, el hijo es suyo y de
nadie más, y no necesitan complicarse la vida, si no quieren,
con la presencia de un padre biológico (situación que, por otro

lado, volvería todavía más complejo el ya de por sí enrevesado asunto de conseguir una pareja en un futuro).

Sea cual sea la solución que termine eligiendo, la buena noticia es que el sueño de la Cabbage Patch, que llegaba a tu vida con papeles de adopción y sin mayores requerimientos de que le dieras un padre (si acaso, lo más que se esperaba de ti es que sacaras buenas calificaciones y no pelearas de más con tus hermanos), hoy en día puede hacerse realidad; lo único que se requiere es voluntad y, claro, bastante madurez y responsabilidad.

¿Estoy descompuesta? Cuando tu reloj biológico NO enloquece

Sin embargo, no todas las mujeres estamos listas para aventarnos el tiro de responsabilizarnos ante el mundo y la Madre Naturaleza de la felicidad y el bienestar de otro ser humano. Mucho menos, creo, quienes llegamos a los treinta y tantos sin hijos y sin una pareja estable, probablemente porque no estamos conformes con el modelo tradicional, con lo que oímos desde niñas de que los maridos y los hijos se negociaban a los veintitantos y a partir de ahí nuestra labor primordial en la vida era ser madres de familia y esposas, y que eso nos definiría de ahí en adelante. Evidentemente, algo sucedió en el camino que nos hizo desconfiar de esa ecuación y nos orilló a tomar decisiones distintas de aquéllas que nos inculcaron.

O, simplemente, sucede que el reloj biológico no se nos activa. Por más que intelectualmente tengamos claro que ha llegado el momento decisivo y que tendríamos que tener el antojo, el impulso o la franca desesperación de procrear una criatura, resulta que estamos ocupadas y preocupadas por la vida personal, profesional y sentimental, y ni siquiera nos pasa por la cabeza el hecho de que es hora de tener hijos. Es, casi, como si a la hora de armarnos, en la fábrica se les hubiera olvidado incluir esa pieza en particular, porque nuestras reacciones no corresponden a las de una mujer de nuestra edad y condición: llegamos a un restorán y rogamos encarecidamente al capitán que nos siente lejos de esa mesa donde hay un bebé, porque qué tal que llora y qué flojera; tenemos que hacer un esfuerzo consciente para emocionarnos y hacer todos los "aaaahs" y "uuuuys" pertinentes en cuanto cualquier amigo o amiga, padre reciente, saca el celular y organiza en diez segundos una exhibición de setecientas fotos de su criatura y es evidente que no piensa parar hasta que no sienta que nuestra reacción es directamente proporcional al tamaño de su propia emoción, o, simplemente, no hay un solo día en que una sienta que no será plenamente feliz hasta que se convierta en madre. Por más que hagamos introspección, no compartimos —o no todavía, al menos— esa urgencia por reproducirse que de un tiempo para acá ha poseído por completo a algunas de nuestras amigas.

Con todo, no podemos evitar que nos invada de pronto una cierta ansiedad porque, después de todo, lo de los hijos no puede posponerse indefinidamente. Está bien que ya nos hayamos hecho a la idea de que elegimos un camino existencial propio, distinto al previamente trazado, y que eso implica casi necesariamente que todo va a ser más complicado y más tardado, básicamente porque estamos inventándonos la ruta sobre la marcha y vamos reaccionando frente a las distintas situaciones como se van presentando, pero no podemos escapar al hecho de que hay plazos que no dependen de nosotras y que son fijos y, por supuesto, la maternidad es uno de ellos. Ya de por sí, no es lo mismo ser mamá a los veintitantos −y tener más energías para lidiar con un bebé que te deja sin dormir, con un pequeñito que todo pregunta o con un adolescente que necesita desafiarte todo el día, a todas horas− que serlo a los treinta o a los cuarenta, pero además se vuelve necesario tomar en cuenta que los óvulos envejecen al parejo que una y a ellos no hay manera de ponerlos al día y enseñarles las canciones y atuendos de moda. Hay muchas decisiones y etapas de la vida que podemos seguir aplazando indefinidamente sin terribles repercusiones, pero la maternidad no es una de ellas, y haremos bien en no perder de vista ese asunto.

Con todo, la cosa no es tan terrible como podríamos llegar a creer. Yo, en concreto, tengo a mi alrededor una buena cantidad de ejemplos de mujeres que, por esas cosas raras de la vida, como dice la canción, rebasaron no los veinticinco ni los treinta, sino hasta los treinta y cinco y los cuarenta antes de tener hijos y después se aventaron a tenerlos −en forma responsable y conscientes de todos los riesgos del caso, claro está− y ahora son las felices madres de otros tantos niños sanos, felices y seguros siempre del enorme cariño y la enorme emoción con la cual fueron concebidos y traídos al mundo. Lo cual quiere decir que sí, hay que tomarse la cosa mucho más en serio y con más prisa que hace diez años o quince, pero tampoco es que si no se queda una preñada en los próximos diez segundos todo va a ser catastrófico e irreversible. No necesariamente, al menos.

Así las cosas, si eres una treintona soltera ya no es obligatorio que vayas a las fiestas infantiles en actitud de diabético en pastelería, ni que andes por la vida en franco plan Marisa Tomei en *My Cousin Vinny* (si a alguien se le escapa la referencia, por favor, por favor, deje el libro en este instante, corra a su motor de búsqueda favorito, escriba "Marisa Tomei biological clock" y siéntese a ver una ilustración perfecta y clásica de este fenómeno), como tampoco necesitas ir, sentirte el objeto del juicio universal y salir horrorizada en cuanto tienes oportunidad, agradeciendo infinitamente tu casa sin hijos ni manchas de mermelada en las cortinas y tus tardes sin pleitos por la tarea y las clases de karate (es más, si el grado de confianza y cercanía lo permite, hasta podrías tener un momento de sinceridad profunda con tu amiga y decirle que la quieres con toda el alma, a ella y a su criatura, pero que preferirías que dejara de invitarte, por tu salud mental y la de sus amigas). A estas alturas de la vida moderna, ya puedes decidir por ti misma que quieres ser madre, independientemente de que nadie te invite a tomar ni un taxi, o que, por el contrario, puedes optar por limitarte a la práctica asidua del proceso que lleva a tener un hijo (que, bien ejecutada y con la persona correcta, puede ser tan divertida), sin que necesariamente eso implique convertirte en la madre de nadie. Eso sí, cualquiera que sea tu elección, más te vale hacerla pronto y con cuidado; no es por presionarte, pero, como tantas otras cosas en tu vida y tu cuerpo, tu aparato reproductor ya tampoco es el de antes.

6

¿Pedir de cenar o pedir un taxi? Las citas en los treinta

Donde la treintona vuelve a internarse en el salvaje mundo de las citas

Me importa un comino lo que digan las teorías New Age: no es lo mismo "decretar" que vas a encontrar una nueva pareja que encontrarla realmente (y que te acomode). Por más que como treintona soltera te digas que estás lista para enfrentarte a los retos y concesiones que implica reinterpretar tu vida al lado de otra persona, entre que lo dices por primera vez, te lo crees y, finalmente, lo consigues, pasa un buen rato y no pocas situaciones que, si no involucraran a tu azarosa vida sentimental, te parecerían chistosísimas. O sí te lo parecen, porque ya estás en un plan relajado y un tanto cínico y piensas que más vale reírse y tomarse las cosas muy a la ligera. Volver a darle espacio a una pareja en tu vida no es nada sencillo ni se alcanza rápidamente.

En mi caso, verme soltera de nuevo a los treinta y tantos, después de haber estado segura de que esa última pareja sí era la buena y que ya había dejado atrás la soltería de manera de-

91

finitiva, trajo consigo un pasmo brutal; era como ese niño en 26 de diciembre que contempla su juguete partido en tres y no se explica cómo fue que se descompuso, o el adolescente que, parado en la mitad de Insurgentes, mira horrorizado su coche hecho acordeón. Así me sentía, como si hubiera descompuesto algo que, de alguna forma, sí servía. Una de las pocas certezas que tenía al momento de considerar mi nueva situación era que, al menos en parte, yo era responsable de la descompostura y tenía que hacerme cargo de ello. Más aún, tenía que hacer lo posible por identificar en dónde habían estado mis fallas para procurar enmendarlas. Para mí, no era cosa nada más de darme una manita de gato y salir a la calle a buscar un nuevo incauto; se trataba de hacer un trabajo de análisis a fondo, limpiar el disco duro y volver a programarlo.

Quien haya tenido un maestro de historia tantito cursi habrá oído esa frase de que quien no conoce su historia está condenado a repetirla. Yo tuve maestros muy cursis y, por lo tanto, escuché la frase más de una vez —y también aprendí varias estrofas de "La Internacional", el himno socialista, pero ésa es otra historia— y en realidad se lo agradezco, porque he podido aplicar el concepto a mi vida más de una vez; a fuerza de revisar mi historia, por ejemplo, descubrí que soy intolerante a la lactosa, o que no puedo estacionarme en paralelo si tengo a alguien al lado presionándome y diciendo "cuidado con el de adelante, ¿no se te hace que estás muy separada de la banqueta?, endereza el volante, ¡enderézalo!", pero creo que ésas también son otras historias; lo que sí es pertinente para ésta es que mi afán por analizar las fallas de mis relaciones pasadas me ayudó a entender no tanto qué quería (si tampoco es tan fácil), pero sí al menos qué era lo que definitivamente no quería de una relación futura. Mediante el análisis y el trabajo por mi cuenta, estaba dispuesta a romper el círculo vicioso de realizar las mismas acciones y esperar resultados distintos.

Bastaron un par de momentos de reflexión para darme cuenta hasta qué grado mis vínculos anteriores se parecían entre sí: los sujetos en cuestión, con sus particularidades, tenían un montón de elementos comunes —muchísimas virtudes, por supuesto, pero también varias características que nos volvían fundamentalmente incompatibles— y se relacionaban conmigo de la misma forma que, a la larga, terminó por no gustarnos ni a mí, ni a ellos. Gracias a un intenso trabajo en terapia, me di cuenta de lo que estaba haciendo, pude identificar el tipo de persona en quien me estaba fijando y, como a las almejas, decidí ponerlos en veda. Ni una almeja más en mi vida; de ahí en adelante, me dedicaría a los camarones.

El análisis y la terapia no fueron los únicos pasos que seguí en mi proceso de trabajo en pos de una nueva pareja. Pasé, por supuesto, por una etapa de negación, en la cual salí a todos lados, segura de que mi siguiente —y espectacular— pareja estaba sentadito precisamente en el bar de mala muerte a donde me llevaban mis amigos, sin dejarse amilanar por el pop malísimo a todo volumen ni las cervezas medio tibias y *light*, esperando a que yo llegara para anunciarme que estaba dispuesto a hacer lo que yo quisiera y a aguantar mis desplantes de adultescente que no sabe todavía lo que quiere, pero lo quiere ahoritita mismo. Durante dicha etapa, oh, gran sorpresa, no obtuve nada más que un par de noches memorables y largas conversaciones con hombres que a todas luces tenían a un paciente novio esperándolos en casa, pero que mientras estaban dispuestos a bailar y contar chistes sin parar.

Una vez que tuve a bien hacerme cargo de mi situación, decidí que no era nada más cosa de salir y ya, que había que aplicarse. Así, me guardé un rato en lo que decidía qué quería, me puse al día con tooooodas las series que internet y las tiendas de DVD tenían que ofrecerme, y me dediqué al autoanálisis y la contemplación. A fuerza de nada más contemplar (y merendar papas con cerveza frente a la computadora), subí varios kilos, mismos que bajé a fuerza de hacer ejercicio (dormirse a las once de la noche todos los días trae consigo la enorme ventaja de que se vuelve facilísimo levantarte temprano a nadar) y de ponerme en orden conmigo misma (o eso espero, al menos). No es que quiera yo decir que viví un proceso similar al de Christian Bale y su Batman tibetano, pero si alguien más hiciera la comparación, no me molestaría ni protestaría en exceso. Llegada a un punto de mi nueva vida, decidí dejar de lado las soluciones fáciles y las noches platicando con hombres con quienes no tenía yo ningún futuro, y me concentré, en cambio, en tratar de resolver los conflictos que, evidentemente, yo misma me estaba provocando.

Así, más de un año después de mi ruptura, con un minucioso análisis bajo el brazo de lo que estuvo mal y había que cambiar y lo que estuvo bien y había que procurar repetir, decidí que estaba lista para volver a probar mi suerte en la difícil arena de la convivencia entre los seres humanos; que ya era momento de dejar de pensar en el pasado y colocarme decidida y definitivamente en el futuro. Que había llegado la hora, pues, de dejarme de relaciones que no funcionaban y encontrar de una vez y para siempre al afortunado que se convertiría en el hombre de mi vida. El resto de mi vida, como en canción cursi ochentera, comenzaba YA, en cinco, cuatro, tres, dos...

¿Por qué nadie me invita?

Pues no. Mi fantástico plan no funcionó como yo esperaba. Por lo menos, no con la inmediatez con la que yo esperaba que funcionara. Según lo que para ese momento ya había aprendido después de tantas veladas frente a la computadora consumiendo íntegra la totalidad de series y películas románticas que la cultura popular contemporánea tiene que ofrecer, bastaba con que la heroína (o sea, yo) pusiera un pie en la calle o en el café de la esquina para que *ipso facto* aparecieran, por lo menos, dos tipos que en forma prácticamente instantánea se declararan desfallecientes de amor por ella y la invitaran a tomar café o una cena o unos martinis, primero, y a compartir su vida entera y sus fantásticos prospectos de futuro, después. Según el discurso detrás de la mayoría de las películas y las novelas, en este mundo lo que sobra son solteros guapísimos (o interesantes y no feos, al menos) que están sentados esperando a que te decidas a voltear a verlos.

Así las cosas, la cultura popular no sólo me mintió (a mí y a un montón de mujeres más) sobre la cantidad de hombres solteros y ansiosos por invitar a salir a una mujer que, si bien no es exactamente la más guapa de México, tampoco está mal, es razonablemente lista, simpática y hasta le gusta ver deportes en la tele; ah, no: también miente y ha mentido sistemáticamente en cuanto a que dichos sujetos están eternamente dispuestos a sobrellevar cualquier obstáculo que les pongas en su camino y hasta a salvarte de ti misma y de tus propias neurosis. Según los entes malignos responsables de escribir y producir contenidos televisivos y cinematográficos para el mercado masivo, no importa cuánto maltrates a los varios hombres que, como por arte de birlibirloque, se agolparán a tu puerta con sólo pensarlo con fuerza un segundo, ni que les digas que no quieres nada con ellos o te dediques incansablemente a enviarles dobles mensajes sobre tu interés y tu disponibilidad, ellos siempre van a estar allí, al pie del cañón, grabadora gigantesca en ristre (ah, John Cusack y su gabardina...), dispuestos a salvarte de ti misma y a decirte que no te preocupes, que tus neurosis les encantan y que el que seas así de difícil te hace hasta más interesante y deseable. Sí, ajá.

Con semejantes nociones, así de erróneas y disparatadas, nuestra heroína (o sea, yo otra vez) salió al mundo; cual bella durmiente que emerge de su castillo después de un sueño de años, me puse el mismo uniforme de jeans y playera de siempre, pero un poco más mono (y sin las consabidas manchas de chocolate y/o salsa Valentina que adornan la mayoría de las prendas que poseo), le agregué unos tacones manejables y, sin embargo, interesantes y hasta me puse rímel y gloss, por lo del toque femenino. La cosa iba en serio, pues. Sabía, gracias a mi extensa investigación, que no tenía que ir muy lejos; es más, con atravesar la calle al café de la esquina iba a ser suficiente para llamar la atención de un muchacho simpático y buenmozo que, si bien no necesariamente iba a resultar ser el hombre de mi vida, al menos me invitaría a salir un par de veces y funcionaría como una especie de padrino para mi nueva vida de soltera en vías de serlo. El plan, pues, seguía en marcha.

Para quien no lo sepa, diré que, a juzgar por mi experiencia, los cafés son pésimos lugares para conocer a quien, si bien no va a ser el hombre de tu vida, al menos te invitará a salir un par de veces. De entrada, no todo el mundo tiene costumbres laborales tan extrañas como las mías como para andar visitando cafés a las once de la mañana (eso sí, he aprendido más sobre los hábitos y costumbres de las amas de casa de lo que jamás creí aprender) y, luego, resulta que no todo es sentarse ahí y esperar a que caigan los prospectos. A fuerza de pasar varias mañanas con un ojo al documento abierto de Word y otro a la puerta del café que no se abre nunca, he llegado a albergar la noción de que, en una de ésas, las películas y las novelas se han dedicado a mentirnos en aras de la efectividad narrativa.

Llegada a este punto fue cuando pasé de sólo cruzar la calle y sentarme en el café a aceptar todas las invitaciones a salir que aparecieron en mi teléfono, correo electrónico, Whatsapp, paloma mensajera y cuanta herramienta de comunicación estuviera a mi alcance: que un primo de un conocido organizaba un coctel para inaugurar su galería, yo ahí estaba; que mi amigo el Abogado festejaba su cumpleaños con un montón de amigos de su despacho, me apuntaba; que mi amiga de la infancia reaparecía en mi vida y me invitaba a los tres años de su hija, ándale, pues... Lo que fuera. Para cualquier ocasión yo tenía un atuendo, un manicure recién hecho y una actitud que según yo —según yo, esto es importante— comunicaba "soy de lo más simpática y lo que tú más quieres en la vida es invitarme a salir". Y, sin embargo, a pesar de todos mis esfuerzos, una noche tras otra regresaba a mi casa probablemente habiendo platicado con un par de personas nuevas, tal vez hasta con alguien interesante, pero sin la menor señal de haber ligado y, sobre todo, sin la menor emoción. En palabras de mi papá, me hacía falta en la vida una ilusión.

Tan pobres resultados provocaron mi suspicacia y encendieron varias alertas en mi cerebro; simplemente, me parecía que no correspondían con mi persona. Una cosa es no ser

Charlize Theron (ni su prima muy, muy lejana) y otra es que, de plano, nadie —NADIE— te aviente un lazo; perdón, pero en un mundo donde la finada Jenni Rivera se casa tres veces, los estándares tampoco pueden andar desmesuradamente altos, y perdón, pero me rehúso categóricamente a aceptar como ciertos argumentos tan favorecidos por ciertas mujeres como "los hombres sólo se fijan en mujeres guapísimas, tontas y con cuerpo de modelo" o "los hombres que valen la pena ya están comprometidos"; si así están las cosas, ni para qué molestarse buscando ropa limpia en los cajones, resignémonos a la soltería y ya está. No, la explicación para mi carencia de prospectos tenía que ser un poquito más compleja y elaborada que eso.

A ver, era prácticamente un hecho que no era que no hubiera en este mundo quien me encontrara atractiva; a pesar de que, como cualquier mujer occidental que ha estado expuesta desde pequeña a los discursos y convenciones sociales, mantengo una relación complicada con mi cuerpo y mi imagen, soy consciente de que el asunto tampoco es tan terrible. O sea, sí alcanzo a ver que soy razonablemente guapa y simpática, y que cuando me baño, me arreglo y me pongo ropa limpia hasta tengo lo mío. Las actitudes de los dependientes de cafés y establecimientos cercanos a mi casa así lo confirman. Entonces, el argumento de "soy horrible y por eso nadie me saca ni a la esquina" quedaba también anulado *de facto*. Si el problema no estaba en los otros (al menos, no en todos) ni en mi apariencia, entonces ¿dónde estaba?

Me costó, pero tuve que terminar por aceptar que el "problema", por así llamarlo, estaba en mi cabeza. Específicamente, en el área encargada de mandar la señal de "estoy disponible y soy resimpática"; en lugar de eso, estaba mandando un fulminante y amenazador "ni se te ocurra, chulis, o te parto las piernas". A fuerza de volver compulsivamente sobre mis intercambios con individuos del género masculino, descubrí que todo en mi actitud —desde la forma de vestir y el peinado, hasta mis constantes alusiones a cómo disfrutaba mi soledad, pasando por supuesto por la obsesión por pagarme mis propios vodkas y burlarme un poquito, sin prisa pero sin pausa, del pobre individuo— denotaba "no me gustas, no me interesas y no necesito a nadie en mi vida, así que gracias, pero no, gracias". Sin saber si los seres humanos en cuestión estaban o podían llegar a estar interesados en mí, yo me dediqué un buen rato a cerrarles una vez tras otra la puerta y a hacerles ver que ni caso tenía intentar nada conmigo. Y, encima, me las daba de escandalizada y sorprendida cuando nadie me invitaba a salir; de veras que, como diría mi hermana, "¡ay, pofabóóó!".

Modern Woman *vs*. La princesa Caribú

Con todo y mi actitud como de Harry el Sucio, sí hay, de pronto, quien se anima a invitarme a salir. Si para todo hay gente, diría mi abuela. De pronto, de los rincones más inesperados, aparecen amigos de un amigo, primos de quién sabe quién, colegas e individuos diversos que deciden cumplir con el ritual de pedir mi teléfono (o buscarme en el tuiter o el feis, puesto que, por obra y gracia de la tecnología ya no es indispensable aventarse el oso de pasar por la aduana de las amigas o de los conocidos comunes), ponerse en contacto conmigo y requerirme para una velada. Una de dos, o yo ya voy teniendo mi neurosis un poco más a raya, o en este país hay más valientes de los que uno supondría a simple vista.

Tengo que decir que yo no soy muy buena para todo este asunto de salir con los muchachos y jugar a la princesita. Nunca lo he sido y, a como veo las cosas, no creo mejorar demasiado en el futuro cercano. Soy muy consciente de que, en mi educación, esa parte de los roles femeninos y masculinos se confundió terriblemente y, por lo tanto, no entiendo bien qué chambas le tocan a cada uno, y, si a eso sumamos que soy tantito (pero nomás tantito) controladora y me pone muy nerviosa la incertidumbre, con un poco que me descuide, termino no digamos actuando de una forma que podría tacharse de "poco femenina", sino tomando absoluto control de la situación y dejando al pobre muchacho sin poder tomar una sola decisión ni meter una palabra "ni de canto", como diría mi mamá. (¿Soy la única mujer a la cual se le olvida que esto de los requiebros y las conquistas es juego de dos y de ida y vuelta? Tiendo a organizarme unos torneos de ajedrez donde llevo las blancas Y las negras, pero de muy fea y constante manera.) Con todo y que yo sé que los dictados sociales marcan muy claramente lo que se espera de las mujeres y lo que se espera de los hombres en estas situaciones, a menudo se me olvidan las convenciones o, de plano, decido pasarlas por alto, con desiguales resultados.

Ya en un capítulo anterior hablamos del asuntito éste de la iniciativa. La antigua yo, la que un día no fue soltera treintona, sino soltera a secas, estaba acostumbrada a ir por la vida como una aplanadora, y no tenía el menor inconveniente en invitar a salir o de plano ponerle unos besos a quien me daba la gana; sin tomar en cuenta reglas, convenciones ni el qué dirán de la buena sociedad mexicana, conseguía teléfonos, dejaba recados y, en general, salía literalmente con quien se me antojaba. Sin embargo, a la larga, después de mucho pensarlo, llegué a la conclusión de que ese tipo de actitudes, lejos de provenir de una genuina convicción de mi propia libertad, venían de un miedo terrible: más me valía invitar a salir al fulano, porque si me quedaba a esperar a que me invitara él, me iba a quedar esperando un buen rato, por no decir para siempre. Hoy en día, estoy de acuerdo en tomar la iniciativa, siempre y cuando no me sienta incómoda haciéndolo (más juego y menos "si no lo amarro, éste se va") y trato de mantenerme abierta a la posibilidad de que la respuesta sea un cortés y cortante "no, gracias".

Otro asunto, por completo, es el de los dineros y los pagos. Ahí sí, he peleado y discutido horas enteras con amigas, parientes y conocidas y nomás no logro entender dónde radica la enorme importancia (ni pertinencia) de que el hombre sea quien pague todas y cada una de las cuentas. Para mí, es un asunto de mínima equidad (y sentido común) que las cuentas se dividan (obviamente, sin llegar a las ridiculeces milimétricas de "tú pagas tres pesos menos porque pediste la ensalada sin aderezo"), pero es una batalla que estoy a punto de dar por perdida. Hace un tiempo, invité a cenar a un sujeto —era como la segunda o tercera vez que salíamos— a un lugar que a mí me gusta, y que yo escogí y, una vez que llegó la cuenta, la tomé y le di al mesero mi tarjeta de crédito; el sujeto invitado —que alardeaba de una liberalidad extraordinaria y un respeto irrestricto por las mujeres— se me quedó viendo fijamente y me preguntó, con tono muy serio, si estaba yo segura. La pregunta me sorprendió y, todo hay que decirlo, me hizo pensar si no trabajaría en secreto para Visa, los únicos seres del mundo que saben bien hasta qué punto es complicada mi situación financiera. (Señor de Visa que me está leyendo, no se crea, no lo es tanto; me alcanza para invitarme a cenar a mí misma y a alguien que me gusta y me cae bien, y disfruto haciéndolo.) Sobre todo, no entiendo, a estas alturas de mi vida, por qué tengo que aceptar como perfectamente natural que un hombre a quien no conozco mayormente pague por mi boleto del cine, mis palomitas, mis cosmopolitans o mi cena, sin tener muy claro a cambio de qué (o sea, sí entiendo que me está cortejando, pero si a ésas vamos, yo a él también, ¿no?). El caso es que no lo entiendo pero ya, me resisto a seguirme resistiendo: si me quieren subsidiar, allá ustedes, muchachos; eso sí, yo cumplo con, cada vez que llega la cuenta, echar mano a mi bolsa de manera bastante aparatosa hasta que recibo un "no, por favor, yo pago". Si bien algo en mí se niega a acatar ciegamente las reglas, estoy dispuesta a ser flexible y adaptar mi comportamiento en aras de la experimentación y las nuevas dinámicas.

¿Primeras citas en los treinta?

Por supuesto, lo de menos es quién paga las cuentas y quién llama primero para salir; eso puede negociarse y resolverse sobre la marcha sin que la cosa se complique demasiado —o, si se complica demasiado, puede interpretarse como una señal divina de que el asunto no va a funcionar y, por lo tanto, no hay necesidad de gastar el rímel y las energías en un caso sin remedio—. El verdadero problema viene con la cita en sí, cuando los dos treintones solteros se encuentran finalmente cara a cara y tienen que lidiar con sus pasados, sus presentes y lo que esperan que sean sus futuros. En mi experiencia, y en la de muchas solteras treintonas que conozco, las citas ya son muy distintas a aquéllas que transcurrieron en la década pasada.

He sido muy criticada por mis contemporáneos por decir esto, pero de verdad lo creo: rodeados como estamos de estímulos sociales, evolutivos y culturales que nos empujan a casarnos —o, por lo menos, a instalarnos en una pareja estable—, algo raro pasa con nosotros si, ya estando mayorcitos, seguimos solteros. Puede ser que ya pasamos por una relación bastante seria, por el matrimonio, incluso, y no funcionó, o que aún no hayamos encontrado a la pareja indicada, pero el hecho de que hayamos esquivado o renegado de un rito de paso que, querámoslo o no, se nos impone y se nos recita desde muy pequeños, dice algo de nosotros y nuestra disposición para vivir en pareja. Aceptémoslo: quienes estamos en esta situación a estas alturas, es porque tenemos todavía problemitas que resolver.

(Habrá quien no quiera casarse ni tener una pareja y ésa sea su razón para seguir soltero o soltera, desde luego. Pero no me referiré a ellos porque, entre otras cosas, asumo que si ya tienen tan clara su decisión, no estarán invirtiendo su tiempo en leer un libro sobre treintonas solteras; de cualquier forma, si hubiere lectores que están en esta situación, gracias por su lectura y felicidades por haber decidido su destino tan pronto.)

Esos problemitas tienden a manifestarse con pasmosa exactitud desde la primera cita, y ya sabrá cada quien si los toma como señales de alto total o sólo como razones para actuar con precaución. Yo me tomo unos trabajos espantosos para hacerle entender a quien tenga enfrente que no lo necesito para nada y que soltera estoy felicísima, aunque no sea cierto, pero, a cambio, el tipo con el que salí a cenar no para de describirse a sí mismo como "loquísimo" (según lo que he visto, cuando las personas dicen eso, es que no es verdad y, cuando llega a ser verdad, más vale salir corriendo, así que mejor no decirlo, ¿zas?); yo necesito establecer constantemente que soy más inteligente, capaz y aguda que el tipo y que cualquier ser humano con quien se haya topado en el mundo, y él, probablemente sin darse cuenta, me hace saber que el único compromiso en su vida que realmente se toma en serio es el de ir por toda la república apoyando fielmente a un equipo de futbol que cada torneo amenaza, ahora sí, con desplomarse a la segunda división (o, de menos, a la primera A); yo pido un vodka más de los que serían estrictamente sensatos, él tutea al mesero y lo llama "amigo"... Y ésas son sólo las citas exitosas, que me dejan con alguna esperanza; las otras (las de los silencios eternos, los chistes malísimos, las historias interminables de su trabajo como vendedor de techos de asbesto), ésas donde lo único que se te antoja pedir es un taxi, y que te llevan a tomar medidas radicales, como aquella vez que mi amiga la Loca tuvo que acorralar al mesero y rogarle que trajera los platos lo más rápidamente posible o le iba a pedir prestado su cinturón para ahorcarse en el baño, ésas a veces es mejor ni recordarlas (a menos, claro, que involucren a un mesero aterrorizado despachando vertiginosamente el postre sin haber retirado el plato fuerte, en cuyo caso se impone no sólo recordarlas, sino hasta inmortalizarlas). Con prestar un mínimo de atención, es posible adivinar desde los intercambios más tempranos a qué obedece la soltería de la persona que tenemos enfrente, y lo que nos queda es decidir si podemos o no solventar o negociar esos motivos; esto es, si estamos dispuestos, ya con nuestras buenas tres décadas de neurosis acumuladas a cuestas, a hacerle lugar a otra persona en nuestra vida y a hacer gala de la flexibilidad suficiente para construir un nuevo proyecto en común.

Porque ojalá fuera tan fácil como pasar por alto su irracional afición por un equipo de futbol cuasi llanero: por más que las relaciones se construyan paso a paso, en algún punto es necesario plantearse el largo plazo; en otras palabras, la segunda —y quinta, y décima— cita. Existen millones de razones para salir una vez con una persona: porque te llamó la atención, porque no estás segura, pero quieres darle una oportunidad, porque estás hasta acá de que tu amigo o amiga te torture con que conoce a alguien ideal para ti y ándale, ya si no te gusta no te vuelvo a presentar a nadie, o hasta porque, como diría la Loca, de todas formas en algún lado tienes que cenar, ¿no? (luego así le fue, pero bueno); sin embargo, el número va disminuyendo a medida que la decisión de qué hacer este fin de semana tiene menos que ver con probar algo nuevo o callarle la boca a tus amigas que viven insistiéndote que si no tienes novio es porque no quieres y más con arriesgarte a volver a poner en juego tu corazón, tus certezas y buena parte de lo que constituye tu vida como la conoces en una nueva vida en pareja. De que el asunto suena escalofriante, suena; hasta el punto, casi, de cambiar los tacones por las pantuflas, la brocha del *blush* por el control de la tele y la incertidumbre de la primera cita por la certeza de la velada solitaria. Pero no hay que rendirse. Todos los grandes romances empezaron con una primera cita, y la de este sábado o este viernes puede ser la buena; o no, pero tampoco es cosa de dejarse llevar por el miedo, no, al menos, si tu objetivo es dejar de ser soltera en algún momento. Si, como decía Yoda —que algo debía tener de sabio, porque engendrar tanto respeto con ese tamaño, esas orejotas y ese color verdoso no debe ser nada sencillo—, "el miedo es la llave al lado oscuro", yo prefiero tomar riesgos; en una de ésas, durante el proceso, si no adquiero un novio, al menos sí una buena historia.

7

¿Y a mí de qué me sirve un novio?

Donde la treintona se debate entre pasarle
pensión a su electricista o buscarse una pareja

Un amigo —a quien llamaré Moby para mantener su anonimato—, cada vez que me escucha quejarme del desastre automovilístico de la ciudad de México, insiste en que la solución perfecta está enfrente de mis narices: según él, lo que debo hacer es conseguirme un novio que lidie con estacionamientos, viene-vienes, valets y demás mafias, o para que funja como conductor abstemio resignado y me libre de una vez por todas del temor a caer tras las rejas víctima del programa del alcoholímetro. Al principio, yo peleaba con él y argumentaba que, si bien ésos para mí son motivos indiscutibles para abonarme a un sitio de taxis de confianza, no lo son tanto para moverme a incluir a un hombre dentro de mi vida y mis planes, pero con el tiempo he dejado de discutir y más bien me he concentrado en una pregunta que nace justamente de esa discusión: si no quiero un novio para que estacione mi coche y me regrese sana y salva de las fiestas, entonces ¿para qué lo quiero?

Porque eso sí, todas —o muchas— queremos un novio. O, por lo menos, decimos que lo queremos. Pero no decimos para qué lo queremos; en otras palabras, no estamos muy claras de cuál es la necesidad concreta, la carencia en nuestra vida, que esperamos que llene el afortunado individuo del género masculino que el destino nos ponga enfrente para convertirse en nuestra nueva pareja. Es como si fuéramos de compras sin tener claro ni qué queremos, ni qué nos queda, ni cuánto estamos dispuestas a gastar, vamos, sin tener siquiera claro para qué necesitamos ir de compras, y entonces vamos por la vida buscando algo que no sabemos ni qué es ni para qué nos hace falta ni bien a bien de qué nos sirve; con esa premisa, las posibilidades de que la experiencia resulte satisfactoria y productiva son bajísimas, por no decir que inexistentes. Pretender buscar un novio sin tener claras nuestras expectativas y las funciones que queremos que cumpla suena a una empresa casi condenada al fracaso de antemano.

Por ello, la pregunta, como decía un jefe que tuvo una de mis primas, no es deportiva, ni es nomás por dar la lata, al contrario: es el engrane principal del motor de búsqueda. Es bien fácil decir que lo que más se te antoja en la vida es formar una pareja, así, en abstracto, en un momento de sensibilidad particular, cuando sales de ver una película recursi y rebonita, o en medio de los cincuenta años de casados de tus tíos, pero, una vez que se te pasa el efecto, la perspectiva de empezar a negociar opciones de desayuno, planes para el sábado en la mañana y espacios en el clóset (por no hablar de minucias como si tener o no niños o las mejores opciones para conseguir un crédito hipotecario en común) te llena de pavor y te impulsa a esconderte debajo de la cama (donde, por cierto, ya se acumuló el polvo cañón y, si vas a traer a alguien a vivir contigo, más vale que no se dé cuenta de que eres capaz de vivir en semejante cochinero). Antes siquiera de pensar qué características debemos buscar en una nueva pareja (eso vendrá en un —fantástico y sapientísimo— capítulo posterior) es importante dejar por un rato las películas cursis y las fiestas familiares y hacer un muy serio examen de conciencia donde te preguntes todas esas cosas que tus papás te preguntaban cada vez que salías con que te morías de ganas de tener un perrito: ¿eres consciente de la responsabilidad que implica (léase, de que a partir de ese momento hay otra opinión que debes respetar y tomar en cuenta además de la tuya)?, ¿estás dispuesta a levantarte temprano para sacarlo a pasear (ir con él a las interminables fiestas de sus amigos de la prepa donde cuentan una vez tras otra las mismas anécdotas)?, ¿no te vas a aburrir y lo vas a querer botar después de un rato (eso, exactamente)? Sólo tú sabes las respuestas y sólo tú eres capaz de evaluar qué tan necesaria o deseable es una pareja en esta etapa de tu vida y qué funciones querrías que cumpliera.

Una vez más, antes éste no era un problema; antes, era clarísimo. Para empezar, las niñas querían un novio para que les pusiera unos besos de atarantar (o bueno, castos, dependía) y les ayudara así a darle cauce a todas esas hormonas que a partir de los doce, trece años comenzaban a atormentarlas y se iban poniendo peor conforme su cuarto se llenaba de pósters de Elvis y los Beatles. Por si fuera poco, un novio servía para darle envidia a todas las amigas; para ir a las tardeadas y bailar; para conseguir permisos que de otra manera, sola o con puras mujeres, hubieran estado vedados, y, por supuesto, un novio servía para eventualmente convertirse, cual flamante mariposa que emerge del capullo, en un marido trabajador, cariñoso y buen padre que a su vez convertiría a su elegida en esposa y madre. Un novio servía para, con cariño, atenciones y buena administración, convertirse en el cuidador y proveedor de las mujeres, en el centro mismo de sus vidas. Junto a eso, la mísera noción de Moby de que un novio sirve para evitar estacionarse se queda francamente corta: un novio, según la perspectiva tradicional, servía para darle sentido —y sustento— a la existencia de las mujeres.

Para mi generación, sin embargo, la cosa no es tan así; hoy en día, las relaciones entre hombres y mujeres son mucho más flexibles y fluidas y ofrecen numerosas opciones para la interacción y la convivencia. Las mujeres de mi generación no requerimos forzosamente de un novio para acallar las hormonas, si para eso existen los aparatos de pilas y los muchachos con quienes puede aburrirnos platicar, pero con quienes compartimos una química sexual tremenda; como no es indispensable tampoco que un hombre vaya en el grupo para sentirnos protegidas, si en banda damos más miedo que un grupo de agentes del Mossad; somos capaces (diga lo que diga Visa, me vale) de sostenernos por nuestros propios medios y gracias a nuestro esfuerzo, y tenemos clarísimo que nuestra existencia es valiosa e importante sin necesidad de que un hombre —o nadie— nos lo reitere. A cambio de todas esas certezas, varias de mis contemporáneas nos hemos quedado con la pregunta de para qué, entonces, nos sirve un hombre; si ya tenemos cubiertas las necesidades tradicionales, entonces ¿a cambio de qué estaremos dispuestas a dejar nuestra tan duramente adquirida independencia?

Planteada la cuestión en esos términos, la respuesta más natural parece ser "pues para nada". Así las cosas, la sentencia enarbolada por cierta facción del movimiento feminista de que "una mujer necesita a un hombre tanto como un pez necesita una bicicleta" parece cobrar sentido: si ya tenemos negociadas diversas soluciones para los problemas físicos, materiales, emocionales y hasta prácticos (más en este país donde abundan los buenos plomeros y electricistas), el afán de encontrar y conocer a un hombre para que comparta su vida con nosotras empieza a lindar con la franca necedad, con un afán absurdo por complicarse la existencia, vamos, qué ganas de sufrir y de esperar a que suene el teléfono si tu cheque de la renta está pagado y acabas de apalabrarte con el taxista más confiable del hemisferio norte. Y, sin embargo, todavía te queda un huequito en medio del pecho, que te hace aceptar tomar cafés con virtuales desconocidos y salir cuando lo único que quieres es ponerte la pijama: todavía quieres un compañero, un cómplice y un escucha, no para que te resuelva la vida, ni tú a él la suya, sino para que entre los dos vayan resolviendo las propias y construyendo al mismo tiempo un proyecto común. Si el pez supiera lo bien que se siente llegar por las noches a casa, abrazar a la bicicleta y contarle lo hermoso y lo difícil del día, tal vez se daría cuenta de que su vida, con todo y que se divierte de lo lindo en su pecera, está un tanto vacía.

Casada, pero con mis ideas

Me llamo Juana Inés, y soy una neurótica ("¡Hola, Juana Inés!", responden ustedes). Ni modo, más vale que lo acepte: tengo un apego marciano a mis arreglos y mis sistemas y me cuesta un trabajo enorme modificarlos para darle entrada a otra persona con arreglos y sistemas distintos. Me gusta levantarme a cierta hora muy temprana y seguir una cierta rutina (que generalmente incluye una siesta posdesayuno que es como de lujo oriental); me gusta el café preparado de cierta forma y servido en cierta taza; me gustan las toallas acomodadas en cierto sitio, me gusta llegar temprano al cine y al aeropuerto y me pongo muy de malas si eso no pasa y me veo obligada a correr y andar a las prisas, además de que para funcionar requiero de una cuota de silencio y soledad... Soy un estuche de monerías, pues, y no culpo a quien se tope con todo ello y salga corriendo despavorido. Después de tantos años de vivir sola y acostumbrarme a definir mis costumbres y actitudes de forma casi exclusivamente unilateral, la paso muy mal cuando tengo que adaptarme a las de alguien más.

Y, sin embargo, yo —y supongo que muchas de las mujeres que me rodean y me leen— no me doy cuenta de hasta qué grado me han invadido mis neurosis hasta que encuentro que tengo que compartir mi espacio y mi tiempo. Todas, supongo, hemos vivido ese escenario idílico: estás al principio de una relación y en las primeras experiencias de compartir espacios y horarios nuevos; hasta ahora, todo había sido verse unas pocas horas, pasarla bien, andar siempre bañados y con el pelo en su lugar y después cada quien en su casa y Dios en la de todos. Pero ya no más. Amanecen juntos, pues. Los primeros minutos, todo transcurre como en la legendaria canción de José Alfredo Jiménez y todo es felicidad y química cerebral desbordada. Hasta que empiezas a entrar en crisis porque a ti te gusta desayunar pan, jugo y café inmediatamente después de que despiertas, mientras que él prefiere esperar una hora o así y desayunar a lo grande, como si fuera la última vez (y los deplorables contenidos de tu refri no te ayudan en nada); tú no resistes el ruido innecesario, y él necesita tener la tele en calidad de perenne música de fondo; tú atesoras espacios que piensas como exclusivamente tuyos y él entiende la vida de pareja como un trabajo de tiempo completo; tus vacaciones ideales implican tenderte en estado semicomatoso en un camastro frente a la playa y él sólo está feliz si está en actividad constante. Y así, hasta el infinito, y a menos que los dos lleven a cabo un serio ejercicio de negociación —entre ustedes, desde luego, pero sobre todo cada quien consigo mismo—; a menos que cada uno tenga claras sus prioridades y necesidades, terminarán acuchillándose y mandándose al demonio por algo tan sencillo como la tendencia de una a enrollarse como chocorol en las cobijas y dejar al otro tiritando en mitad de la madrugada (este último detalle puede, o no, ser autobiográfico, pero lo tacharé de apócrifo hasta el fin de mis días). A menos que tengas claro que te importa mucho más que sea amable y compartida cuando está despierta y que, después de todo, puedes comprar dos cobijas que neutralicen el carácter pernicioso de la maniobra chocorol, ese tipo de detalles pueden arruinar tempranamente lo que podría haberse convertido en una relación duradera y sólida.

Y es que es lógico: al plantear una relación a los treinta y tantos, ya te dio tiempo de hacer un exhaustivo trabajo de minería en tu fuero interno y ya descubriste cuáles son tus neurosis más acendradas. Peor todavía, ya te dio tiempo de encariñarte con ellas y, por si fuera poco, llegar a la conclusión de que están muy bien y de que mal harías en cambiarlas, porque te apaciguan y te convierten en un ser humano funcional y centrado. A los treinta y tantos, llegas a una pareja como esos perros que llegan a las casas ya grandes: ya estás educado (mal o bien, ésa es otra historia) y si no aprendiste hace años a no hacerte pipí en medio de la sala, difícilmente vas a aprenderlo ahora. Cuando tenías veinte y estabas recién salidita de casa de tus papás, estabas acostumbrada a que el espacio nunca era exclusivamente tuyo (más aún: si habías tenido la dicha de compartir el baño con uno o varios hermanos, conceptos tan descabellados como la propiedad privada o la importancia de reemplazar el rollo de papel de baño agotado por uno nuevo pertenecían casi seguramente al terreno de lo fantástico) y, por lo tanto, eras mucho más tolerante a las intrusiones y a las costumbres ajenas (además, por supuesto, de que estabas tan emocionada de no tener que esconderte ni cortar todos tus planes, que tenías los ojos ciegos a una gran cantidad de transgresiones). A los treinta, en cambio, te sorprendes usando las frases de tu mamá que juraste no repetir nunca, tipo "¿se te irá a caer la mano si lavas un plato, mi vida?".

El problema es que en cuanto empiezan a aflorar estas diferencias, en cuanto la niebla de las hormonas se disipa un poquito, resulta que ya no te parece chistoso que tu lavabo esté lleno de pelos o que las toallas se desborden del toallero (muchachos, de verdad no es tan difícil doblar en tres, EN TRES, una toalla de manos, se los juro) y el asunto entero puede hacer que te cuestiones la necesidad misma de tener a alguien en tu vida. Si no quieres que nadie mueva de lugar tus cosas ni apachurre la pasta de dientes por el lado equivocado (el hecho mismo de ubicar un "lado correcto" por el cual debe apachurrarse la pasta de dientes ya es suficientemente elocuente), reconócelo y deja de preocuparte y contarte historias.

Mejor te irá consiguiéndote un perro a quien puedas adoctrinar desde chiquitito en la mejor manera de hacer las cosas (o sea, la tuya) que torturándote y torturando en el proceso a otros seres humanos.

Pero si, por el contrario, conoces tus neurosis pero no estás dispuesta a que te sigan sirviendo de obstáculos para conseguir una nueva pareja, ten mucho cuidado al momento de hacer tu lista de prioridades y, sobre todo, ten cuidado de hacerla de a de veras y, de preferencia, de creértela muy bien. De lo contrario, corres peligro de mandar mensajes muy confusos y no cosecharás más que desilusiones y frustraciones. Otra vez, fue un amigo —al cual, por su propensión a emitir frases sentenciosas y a vestir pijamas de judo, llamaré el Sensei— quien me hizo ver la luz a este respecto (si no cabe duda de que tantos años de dejarlos encervezarse en mi cocina y pedirles consejo han dado sus frutos): yo insistía e insistía en que lo que buscaba en la vida era un hombre que me cuidara y me hiciera sentir respaldada; ojo, no que me solucionara la vida ni que le diera sentido a mi existencia, pero que, metafórica y literalmente, me sostuviera la escalera mientras cambiaba los focos (o los cambiara él, idealmente). Le dije todo esto a mi amigo, terminamos de cenar y decliné su ofrecimiento de acompañarme de la puerta del restorán a mi coche, estacionado a unas cuadras; no hacía falta, yo podía hacerme cargo de mí misma. Insistió. Me volví a negar. Volvió a insistir. Volví a decir que no importaba, que la zona estaba bien y que de todas maneras yo estaba acostumbrada a andar por la calle sola... ¿sí ven dónde está el problema? Si no, se los digo: terminó por darme un metafórico zape y hacerme ver que, si quería que un hombre me cuidara, lo primero que tenía que hacer era dejarme cuidar. No voy a decir que ya lo solucioné y ahora acepto las ayudas a la primera, pero al menos ya soy más consciente de mis incongruencias y procuro evitarlas (quién quita y en un par de años ya hasta admito que me presten su suéter si hace frío o me acostumbro a caminar por el lado interno de la banqueta).

No quiero un taxista, quiero…

Como lo demuestra mi esquizofrénico vaivén entre "quiero que me cuiden y cuidadito y cuestiones mi independencia", resulta muy complicado encontrar un punto medio entre la visión de las generaciones pasadas de que una mujer requiere de un hombre que le dé contención y seguridad a su existencia y el arrebatado y dinamitero ánimo de las feministas y sus peces con bicicleta. Tendemos a creer que estamos obligadas a decidir entre una postura o la otra, simplemente porque todavía no está muy bien trazada la ruta media, básicamente porque ésa la decide cada una: yo ya me hice a la idea de que tengo que aprender a resolver las cuestiones materiales de mi vida, así sea pagándole a alguien más para que lo haga, y me puedo cuidar sola, pero a cambio pido que quienquiera que sea mi pareja comparta mis referentes culturales, me haga reír y a su vez se ría con mis chistes, mientras que algunas de mis amigas buscan a un hombre que se convierta en la cabeza de su familia y el padre de sus hijos, al tiempo que están perfectamente dispuestas a que los gastos y los deberes se dividan de manera equitativa. La fórmula, pues, no es sencilla ni puede ser la misma para todas, pero de su claridad dependen en buena parte el éxito y la armonía del proceso éste de buscar emparejarse de nuevo.

Ya, si no lo hacemos por nosotras, hagámoslo por todos los hombres a quienes a lo largo de nuestra vida hemos dejado francamente atónitos frente a nuestros dobles y triples mensajes. No voy a pretender hacer aquí una apología del género masculino, ni una disculpa de sus extrañas e impredecibles reacciones —Dios me favorezca, si ya quedamos que son el diablo encarnado y los responsables directos de todo aquello que está mal con el mundo, hasta de la desaparición de los Confitones, vamos—, pero tengo que decir que hasta cierto punto entiendo que de pronto decidan dar la media vuelta y dejarnos dialogando con las voces de nuestras cabezas antes que aventarse el tiro imposible de entender qué queremos y qué lugar queremos, sobre todo, que ocupen en nuestras vidas. Les exigimos que paguen la cuenta, pero ay de ellos si en algún momento nos hacen sentir que nos mantienen o que ambos no somos igualmente exitosos desde un punto de vista profesional y material; queremos que nos escuchen y nos den cobijo, pero sin hacernos sentir asfixiadas; que cooperen, pero que tampoco sean unos mandilones... en otras palabras, queremos que entiendan qué queremos, cuando nosotras mismas ni siquiera lo tenemos muy claro. Insisto, no es por hablar bien de esa panda de pérfidos ni de justificar sus injustificables fechorías, pero se me ocurre que, en una de ésas, les estamos poniendo las cosas un poquitito complicadas.

Quizá tenga algo que ver con cómo vivimos nuestra independencia y a qué se la achacamos. Es decir, a qué atribuimos el hecho de que en algún punto de la vida tuvimos que aprender cómo se enciende el calentador si no queríamos pasar el resto de la vida bañándonos con agua helada y con la grasa perennemente adherida a los sartenes (para mí, el día en que me atreví a prender el calentador y no sólo no volé con mis pertenencias en mil pedazos, sino que hasta logré recuperar la alegría de bañarme, marcó un momento crucial y enormemente significativo de mi vida como mujer independiente y autogestiva), en lugar de proferir un "gordo, no sale agua caliente" y tirarnos a limarnos las uñas (o a leer una revista de modas o un cliché similar), mientras dejábamos que un hombre solucionara el problema y se encargara de restablecer el orden doméstico. O se encargara de estacionar el coche, siguiendo el argumento de Moby. Puede ser que, en un ejercicio de negación profunda, vivamos esa independencia y autogestión como algo que nos ocurrió, que se nos impuso desde fuera, algo a lo cual nos vemos obligadas porque no fuimos suficientemente capaces, o listas, o bonitas, o simpáticas, como para conseguirnos un pretendiente como Dios manda y casarnos; como un fracaso, en suma, y no como el resultado de una serie de decisiones y de construcciones de nuestra propia identidad. Nos esforzamos por romper el molde de las generaciones anteriores y ahora lloramos y, entre trago y trago de Martini y bocado de cocina fusión, nos quejamos amargamente de que no contamos con la acogedora protección de ese molde. Nuestra incapacidad para percibir semejante incongruencia es tal, que ni siquiera alcanzamos a darnos cuenta de hasta qué punto vamos por la vida con la espada desenvainada, gritándole al mundo que solas somos muy felices y, claro, maldecimos al pobre sujeto que se cansa de intentar entender y opta mejor por dejarnos por la paz y buscarse una mujercita menos confundida.

Salte de tu cabeza, deja de contarte historias que no existen y pon atención a las que están sucediendo

A ver, con la mano en el corazón, ya en plan de netas, ¿qué tanta atención le pones a las voces en tu cabeza? Ya sabes, ésas que entran en acción cada vez que te sientes mínimamente insegura y que convenientemente te ayudan a pasar por alto la realidad y definir tus acciones sin necesidad siquiera de voltear a ver qué pasa alrededor tuyo. ¿Sí ubicas cuáles? Ésas que te indican que esa güera guapísima que entró a tu clase de yoga no sólo es una tarada, sino que te detesta a ti, particularmente a ti, y, por lo tanto, estás en tu derecho —qué derecho, ni qué derecho: en la obligación— de odiarla de vuelta y no darle los buenos días ni avisarle que esos leggings que se pone tan contenta tienen un hoyito a la altura del —ejem— glúteo máximo y por lo tanto cada vez que hace un perro mirando hacia abajo sus calzones saludan alegremente a toda la clase, ¿ya ubicaste cuáles? O las que te dicen —con un tono terriblemente similar al de esa persona cuyo inconmensurable amor por ti nunca terminó de convencerte del todo— que por supuesto que necesitas una pareja, sin discusión posible, porque lo peor que te puede pasar en la vida es terminar convertida en una solterona fracasada. Está bien que esas voces, que no son más que tus nociones aprendidas, tus prejuicios y los discursos de otras personas que absorbiste íntegros, sin cuestionarlos y sin preguntarte si te interesaba compartirlos, te sirvan de vez en cuando como protección y te ayuden a evitar situaciones desagradables a fuerza de anticipar ciertos escenarios, pero basta descuidarse un poco para que sus palabras se conviertan

119

en verdades absolutas y dejes a la pobre güera, que todavía ni te hace nada, aventándose unos osos tremendos clase tras clase.

En lo que toca a la vida sentimental y de pareja, las voces son particularmente poderosas, puesto que la cercanía con los temas que te hacen sentir insegura o vulnerable les presta un volumen considerable. En cuanto empiezas a experimentar una cierta zozobra porque ya no estás tan chica y tal vez sería hora de empezar a tomarte las cosas en serio y sentar cabeza, empiezan a manifestarse, y sus enunciados pueden tomar diferentes direcciones: desde un inocente "todavía tienes tiempo, mira nada más a Clint Eastwood, que fue floreciendo por a'i de los sesenta" hasta un horrendo "a estas alturas, mijita, date de santos con que alguien te voltee a ver: no importa quién sea, agárralo pronto antes de que tenga chance siquiera de darse cuenta". Lo importante es no confundirlas con la realidad, ni tomárselas demasiado en serio; a estas alturas de tu vida, sólo tú puedes responder con alguna eficacia si quieres un novio o no, y si sí, para qué, y todos los depositarios de las voces tendrán algo que decir al respecto: tus amigos y amigas, por supuesto, pero también tus papás y tus parientes, por no hablar de las revistas, las series de televisión, los que diseñan los combos de palomitas y refresco en el cine (¿a qué mente malvada se le ocurrió eso de "combo parejas", ¿eh?) y todos los que se sienten en la necesidad de verte con un toquecito de conmiseración porque no tienes un novio que te libre del alcoholímetro. Si a ellos, en particular, les hace falta un novio o una pareja para sentir que su vida está completa y llena de sentido, es muy su asunto y ojalá lo resuelvan y sean enormemente felices, pero eso no quiere decir que tú tengas que adoptar sus necesidades y remediar sus insatisfacciones. Tú eres tú y sólo a ti te corresponde decidir sobre tu vida. Y más vale que te lo vayas creyendo.

8

Cuidadito, cuidadito, cuidaaaaadito: las trampas de la treintona que busca novio

Donde la treintona se tropieza constantemente con sus propios tacones

Hay momentos en la vida en que, después de un exhaustivo examen de conciencia, decide una que, con todo y que casi seguramente se verá obligada a comprar dos tubos distintos de pasta de dientes y a desdoblar y volver a doblar eternamente las toallas para evitar una serie de corajes cotidianos, siempre sí como que se antoja eso de adornar la vida con un novio. No digo que luego una no se arrepienta —aunque, con un poco de suerte, será únicamente de forma esporádica, cuando toque sacrificar el domingo con las amigas porque tú me prometiste que íbamos a ver el súper tazón y, vas a ver, este año sí va a ganar Arizona, ¿cuánto apuestas?—, pero lo cierto es que, en cierto momento, una decide que definitivamente está lista para buscar un novio y plantearse una nueva relación.

Por supuesto, es necesario plantearse también expectativas y requerimientos, para no ir a caer con alguien que en realidad no era lo que queríamos, o que, como pasa de pronto con los zapatos o la ropa interior, si nos pareció terriblemente familiar y por eso decidimos llevárnoslo a nuestra casa es porque es un modelito que ya tenemos muy visto, que hemos adquirido en otras ocasiones aunque nunca nos ha terminado de acomodar. Todo eso hay que hacerlo, claro que sí, pero antes de eso hay que colocarse en el lugar indicado, en el más propicio para encontrar a una nueva pareja, y hay que tomar conciencia de una serie de trampas en las cuales puede caer cualquier mujer que busque novio.

Los hombres también son personas

Qué bueno que ya estás guapísima, llena de confianza en ti misma y más decidida que nunca a que el mundo es tu patio de recreo y tienes absoluto y completo poder sobre los columpios, el subibaja y la resbaladilla. Ahora sería fantástico también que te acordaras de vez en cuando de que los hombres con los que tratas, aunque a veces den visos de lo contrario, son seres humanos con sentimientos y emociones, con una existencia entera que transcurre también cuando no estás cenando o yendo al cine con ellos y, sobre todo, con una estabilidad emocional que puede ser tanto o más frágil que la tuya. Yo sé que ya quedamos en que jamás, ¡jamás!, en este libro se va a defender al género masculino —esa horda de malvivientes que no merecen ni que les devolvamos el saludo, mucho menos todos los discos, sudaderas y DVD que les hemos ido robando a lo largo de la vida—, pero, en aras de la convivencia fraterna entre todos los seres que pueblan el planeta, como una cosa humanitaria, vamos, aprovecho esta oportunidad que la industria editorial me brinda para exhortar a todas mis lectoras a que, en la medida de lo posible, tratemos de tomar un poco en cuenta sus sentimientos y de comportarnos como mujeres caritativas y bienintencionadas. Ya, si no lo hacemos por una genuina bondad y consideración hacia la otra mitad del género humano, hagámoslo por el bienestar de otras mujeres, para que el tipo en cuestión no decida vengarse de nosotras maltratando a la próxima mujer con la que salga.

Es que pasan dos cosas: por un lado, como explicaremos más adelante, eres una treintona exitosa con una misión. Quieres encontrar pareja, de preferencia, rapidito y, si bien estás dispuesta a salir con todo aquél que te invite aunque sea un jugo de naranja en la banqueta, no lo estás tanto a procurar una amistad o algún otro tipo de intercambio una vez que te diste cuenta de que el tipo no es lo que tú estás buscando o, simplemente, se te aparece por el horizonte alguien más que sí te hace ojitos y con quien te ves armando algo más interesante. Digamos que, en ese sentido, tendemos a comportarnos como quien se prueba doscientos vestidos, escoge dos que la convencen y el resto lo deja hecho bolas, con una que otra mancha de maquillaje y desodorante y aventado en una esquina del probador. No todos los casos son iguales, desde luego; hay hombres a quienes puedes dejar de responderles y no se van a ofender ni te lo van a tomar a mal, pero hay otros que sí van a requerir que les vayas explicando por dónde va a transcurrir la relación de ahora en adelante, si es que te interesa mantenerte en contacto con ellos, o que les hagas notar sutilmente que ya estás en otro asunto y que lo suyo, definitivamente, no va a ser. Más allá de si te intere-

125

sa conservarlos en tu vida o no, vale la pena hacerlo por un mínimo de decencia.

Por otro lado, también sucede que, sin darte cuenta, en esta nueva faceta en la cual vas vestida y mentalizada para matar, se te puede acumular, sin que tú misma te enteres, lo que en términos militares se conoce como daño colateral; es decir, esas víctimas que dejas heridas de muerte y tú ni te enteras, porque en realidad estás muy preocupada pensando en si Fulanito se habrá fijado en lo bien que se te ven esos pantalones o si el hecho de que Menganito haya venido a preguntarte diecisiete veces cómo llenar la página de Excel responde a que está juntando fuerzas para invitarte a salir o más bien a que la escandalosa cantidad de comida chatarra que consume todo el día ya empezó a hacer estragos en sus capacidades cognitivas. Tú estás en todo esto, pues, y ni te enteras de que mientras, Zutanito, cuyo escritorio está a dos del tuyo, se desvive rellenando incansablemente tu taza de café y diciéndote que qué bonita te ves y cómo son de vaciados y ocurrentes tus chistes, de veras. El desenlace lo conocemos todas: a la mínima ocasión —fiesta navideña, comida para despedir a Rosita la de compras, velorio de la mamá del dueño— te verás condenada, primero, a padecer la confesión de sus ardores y, después, a explicarle que si bien te sientes profundamente halagada, de ninguna manera estás dispuesta o inclinada a corresponderle. A menos de que ya te hayas dado cuenta y te hayas aprovechado de la situación para ahorrarte los doscientos metros que separan tu silla de la cafetera —en cuyo caso, no te quejes cuando tu karma y tu destino te alcancen—, yo creo firmemente que no hay por qué agobiarse: a todos nos ha gustado alguien que ha terminado por batearnos y hemos vivido para contarlo; el secreto, creo, está en tratar a la otra persona como nos gustaría que nos trataran si estuviéramos en esa situación (o cuando hemos estado en esa situación, más bien; para qué hacerse...), y en ahorrarse cualquier tipo de rudeza innecesaria. Eso sí, si te empieza a pasar con alarmante frecuencia, sería conveniente que revisaras tus formas de actuar, porque tal vez estés mandando las señales equivocadas y, consciente o inconscientemente, seas tú misma quien provoca estas confusiones.

He de confesar que yo me tardé; pasé mucho tiempo pensando que los hombres eran unos seres maléficos que estaban hechos de boligoma y no sentían cuando les hacía unos desaires que a mí me hubieran dejado hecha una piltrafa y sin ganas de seguir viviendo, pero poco a poco fui saliendo de mi error y aceptando —de muy mala gana, primero, y luego ya más abiertamente— que yo, y mi género, no teníamos la exclusividad de la timidez o de la falta de aplomo para enfrentar los riesgos que implica el cortejo. No obstante, a fuerza de ponerme en sus zapatos y limpiarme las telarañas mentales que se nos han ido formando durante años y años de ver telenovelas y escuchar programas de radio mensos, aprendí que los hombres sienten y sufren tanto como nosotras y que merecen que, en principio, se les trate con la deferencia y el respeto que a cualquiera. Ya, si después demuestran que no lo merecen, entonces sí, que se preparen.

Un lugarcito en la lista de pendientes

Así como los hombres no son de boligoma, tampoco merecen ser tratados como un pendiente más que tachar de la lista. Las treintonas, ésas que mi mamá y mis tías llaman "las mucha-chitas de hoy en día", estamos acostumbradas a tener siempre diez mil cosas diferentes que resolver. Si una, como yo, tiene un pedazo de alma muy alemana y obsesiva y, como resul-tado, tiene una proclividad espeluznante a producir listas de pendientes, irá por la vida con papelitos y agenditas llenas de notas como "hablar plomero y tía Luz / terminar artículo y buscar bibliografía / agendar manicure / pedir súper (yogurt, jamón, nopales, cervezas) / escribir Fulanito, ¿comida?" y tres-cientas cosas similares, que para el ojo no entrenado pueden parecer enumeraciones sin ningún sentido y que, sin embargo, para nosotras son perfectamente claras y, no sólo eso, se re-suelven de la manera más eficiente en un tiempo récord (o se resigna una a vivir sin resolverlas, como esa llave de mi frega-dero que goteó hasta que decidí clausurarla y lavar todo con agua fría). La vida de la treintona contemporánea transcurre en muchos planos y, para bien o para mal, consiste en buena medida en una larguísima lista de pendientes que se tienen que ir resolviendo.

Con esta visión del mundo, es muy fácil que, una vez que te decidiste a que lo tuyo sí es tener una pareja y estás dispuesta a subirte una vez más en la encantadora montaña rusa que es compartir tu vida con otra persona, lo asumas con la misma intensidad y actitud avasalladora con la cual acometes el resto de los proyectos que se te han planteado en la vida. Este frenesí puede tomar varios tintes: desde el más metódico y estructurado, como inscribirse en un sitio de esos que te piden contestar setecientas preguntas sobre tu umbral de tolerancia hacia las personas que babean la almo-hada cuando duermen, tus inclinaciones políticas, el índice de propensión a la calvicie en tu familia materna y cosas igualmente profundas y relevantes, para después someterlo todo al escrutinio de una computadora que arrojará los datos de cuarenta prospectos, alguno de los cuales, si tienes suerte, te parecerá medianamente aceptable; éste, digo, es el método más estructurado, pero hay también quien se va por la libre y se sienta a hablarles a todos sus contactos para preguntarles si estarán solteros y, en caso de estarlo, si no querrán contemplar tener una relación o un hijo —lo que ocurra primero— con ella. No es extraño: las mujeres contemporáneas estamos muy acostumbradas a que si queremos que algo suceda, debemos mostrarnos proactivas y no descansar hasta haberlo conseguido, y convencer a un hombre de que lo mejor que puede hacer es integrarnos a su vida no tiene por qué ser la excepción; tan sencillo como ponerlo en la lista de pendientes, decidir que no vas a descansar hasta haber palomeado el asunto y, entonces sí, a otra cosa, mariposa. Para la treintona asertiva y aguerrida, conseguir pareja puede convertirse en un objetivo a cumplir a toda costa y, casi, casi, en un deporte de contacto.

Puede haber treintonas, como yo, que no estén en este caso (como ya dije, lo mío es más bien dejar descansar los pendientes hasta que se convierten en algo urgentísimo y, entonces sí, si no me queda más remedio y no puedo conseguir a nadie más que lo haga, los resuelvo —o los ignoro, como en el caso de la llave descompuesta—), sino que, como veremos más adelante, estén en el opuesto y más bien necesiten despertar un poquito y poner manos a la obra, pero sí es el de más de un par de treintonas con las cuales me he topado últimamente que, poseídas por urgencias y premuras que sólo ellas conocen, empiezan a presentarse en la vida de cuanto individuo del sexo masculino se deja y tratan de convencerlo, por cualquier medio posible, de que se convierta en el padre de sus hijos o en el amor de su vida, según sea su necesidad. Ni qué decir tiene que el resultado no suele ser positivo (hasta donde yo sé, todas siguen sin pareja) y, por supuesto, ellas terminan pasándola muy mal porque se estresan y pretenden controlar algo que no está del todo en sus manos. Con todo y que está muy bien tener claro que queremos una pareja, el tener claro también que hay cosas en esta vida que no pueden apresurarse y que no necesariamente requieren de fuerza, sino de maña, paciencia y estrategia, ayuda a emprender el proceso con otra disposición y a disfrutarlo mucho más.

Más vale relajarse

A mí me pasa tiro por viaje: conozco a un muchacho, nos caemos bien, nos vemos un par de veces, tenemos una relación fácil y relajada, cuando de pronto, ¡zas!, decido que me gusta y que tiene potencial para convertirse en algo más, y en ese instante todo se va al demonio: lo que hasta ese momento eran intercambios inocentes y sin más razón ni propósito que darnos el gusto de solazarnos en nuestros ingenios, se convierte en una serie de maniobras y estrategias planeadas, racionalizadas y cotejadas con amigas, amigos, confidentes, comedias románticas varias y hasta artículos de *Cosmopolitan*. En cuestión de segundos, paso de ser espontánea y desenfadada a llenarme de angustias y de zozobra porque hace exactamente veintitrés minutos con cuarenta y dos segundos que le envié un mensaje y es la hora que no me contesta, porque no respondió como yo esperaba a mi sutil comentario sobre cómo se me antojaba ver esa película que está ahora en la Cineteca o porque el otro día que vino a mi casa platicó dos segundos más con mi amiga que conmigo; en pocas palabras, el hombre no se atiene al libreto que le escribí en mi cabeza y eso, evidentemente, da al traste con mis esperanzas para nuestro futuro y, de paso, con mi salud mental y emocional.

Todavía peor, cuando decido que un hombre me gusta y doy por inaugurada la temporada de caza y pesca, no sólo le pongo a cada gesto una sutileza y una carga que no tenía —y que, con toda probabilidad, el pobre sujeto ni sospecha siquiera—, sino que pretendo que todo se resuelva con la mayor celeridad posible y que, a la voz de ahoritita mismo, se aclare si el muchacho en cuestión me quiere, como cantábamos en mi infancia cuando saltábamos la cuerda en el recreo, "para novia, para esposa o para pura vacilada". Me entra la prisa, pues, por redefinir y reetiquetar la relación y, en un impulso similar al de la mujer que busca compulsivamente tachar el pendiente de su lista, quiero que el tipo se defina ya, pero ya, y empiece a actuar exactamente como yo quiero. Y, por supuesto, pobre de él si no es capaz de leerme la mente y darse cuenta de que, a esas alturas de lo nuestro, o se alinea por la derecha o desaparece de una vez y sin llorar ni dejar rastro.

Lo increíble es que, a pesar de que mi timidez y mis varias taras sociales podrían hacer creer lo contrario, soy razonablemente buena para hacer amigos y para incorporar personas nuevas a mi vida. La longitud de mis amistades, en este instante, oscila entre los veintiocho años y las tres semanas —obviamente, con las consecuentes diferencias en intensidad y profundidad. Me cuesta, sí, pero tarde o temprano logro hacer a un lado mis neurosis y deficiencias y, poquito a poco, construir vínculos duraderos y fuertes cuyo centro son el cariño y los intereses compartidos, sin que en ningún momento del proceso se me ocurra siquiera sentar a la persona en cuestión y lanzarle un "bueno, sí, mira; eres simpática y me caes bien y todo, pero quiero que me digas si vas a ser mi amiga-amiga o nada más mi amiga a secas, si estás dispuesta a ir a todas mis fiestas y a contestar mis mensajes cuando tenga un chiste lelo que me urja compartir contigo o si dentro de cinco años nos vamos a distanciar porque a la mera hora resultó que eres muy pasivo-agresiva y yo nomás no tengo paciencia para esas cosas". No. En lo tocante a mis amigos, ni siquiera lo pienso: simplemente me relajo y dejo que la relación fluya hacia donde deba fluir y que, como dice un amigo ingeniero ahora metido a sacerdote, las cosas terminen, como según él terminan siempre, por encontrar su propio nivel.

Ahora, por qué no puedo actuar de igual manera cuando se trata de las parejas potenciales y termino inventándome historias fantásticas y poniendo a los pobres incautos a prueba —y reprobándolos, por supuesto— sin siquiera avisarles, no lo sé; probablemente porque es un terreno de mi vida plagado de inseguridades, fantasmas y nociones aprendidas de lo que "debe ser" el cortejo entre una muchachita y un muchachito decentes. Pero, si quiero triunfar en mi conquista de la vida treintona relajada, satisfecha y feliz, mejor será que aprenda a seguir mi propio ejemplo, me deje de contar cuentos chinos donde siempre soy la víctima y me tome todo el asunto más a juego y menos a misión de vida o muerte.

De mostrarse disponible
a mostrarse desesperada

Como ya dije en un capítulo anterior, a mí me tomó mucho tiempo darme cuenta de que, por más que fuera por la vida proclamando que estaba lista para volver a salir con alguien y ver qué onda, en la realidad mi actitud y mi disposición decían cosas completamente distintas. Es muy revelador, por ejemplo, que durante un buen rato después de que yo teóricamente ya estaba lista para enfrentarme al mundo, mi plan habitual para un viernes o sábado en la noche —el que incluía interactuar con otro ser humano de manera presencial y no nada más quedarme frente a la compu trabajando y tuiteando inconsecuencias, se entiende— consistiera en invitar a mi casa a un amigo o amiga, tomarnos un par de cervezas, platicar, contar chismes que a la mitad nos acordábamos que ya nos habíamos contado y reírnos de variantes de los chistes de siempre y luego, como por a'i de las once, once y media, irse cada quien a su casa y estar empijamados y en el sobre a más tardar a las doce. Esa turbulenta disposición a la vida social ya habla de hasta qué grado yo no estaba ni emocional ni mentalmente lista para conocer a nadie. Por no hablar de que, invariablemente, si por un extraño malabar de logística, me topaba en la vida (en un trabajo nuevo o cuando los compromisos ineludibles con amigos me obligaban a cambiar la mesa de mi cocina por un bar y mis tranquilizadoras y predecibles conversaciones uno a uno por acontecimientos tumultuarios de hasta diez personas) con un hombre desconocido y que me caía medianamente bien, en algún momento de la conversación me daba cuenta o de que era gay, o de que ya estaba comprometido (o las dos, pero en mi código una es suficiente para descalificar al sujeto como pareja potencial), y lo peor es que esa conciencia no me detenía; casi podría decir que me incentivaba para no interactuar con nadie más en el resto de la noche. La pasé bien, que ni qué, pero llegó un punto en que, venturosamente, me di cuenta de que me estaba haciendo súper mensa; a pesar de que en cada ocasión, sin falta, metía en mi bolsa una pluma por si alguien me pedía mi teléfono (sí, ya sé que es un resabio de los ochenta y que en estos tiempos una saca su celular y le marca al otro y el teléfono se graba y bla-blablá, o que, horror de horrores, alguien saca el Smartphone, como me pasó hace poco, da cinco teclazos y declara "¡listo!, ¡ya te sigo en Twitter!", como manifestación acabadísima de que entre nosotros se acaba de propiciar una intimidad nueva e insospechada, y que eso probablemente sea más eficaz y seguro que guardarse un papelito roñoso en la bolsa o apuntarse unos dígitos ininteligibles en el antebrazo como hacía el macuarro de mi primo cuando se las daba de galán, pero qué quieren: yo soy de la vieja escuela y sigo pensando que a alguien le hará ilusión embolsarse mi papelito roñoso marcado por mi plumón de tinta indeleble, y que tendrá el buen tino y el interés suficiente de registrarlo después en sus contactos), se podría decir que igualmente cada noche me las ingeniaba para que a nadie se le ocurriera interrumpirme de mis fascinantes conversaciones con Elton John y Señor Casado y Señora, o con alguno de mis amigos que actuaban, muy eficazmente, de escudos contra pretendientes potenciales. Por más que fuera por la vida anunciándome como dispuesta a comenzar una nueva vida, me las ingeniaba para asegurarme de que esa nueva vida no sólo no ocurriera, sino que ni siquiera pudiera asomar las narices por mi existencia.

El teatrito se me empezó a venir abajo cuando caí en cuenta de que, a pesar de mis numerosas cualidades —cuya existencia reconozco a regañadientes, con todo y que de vez en vez caiga en esa otra tentación tan del género femenino de negarlas o minimizarlas—, una noche tras otra llegaba a mi casa sin haber tenido ni la mínima oportunidad de sacar a mi plumón indeleble de su letargo. Algo muy raro estaba pasando, concluí, que a mí nadie me pelaba ni me hacía ojitos. Desde luego, hubiera podido fingir demencia —como, de hecho, lo hice— y resolverlo todo por la vía fácil con ese chistorete lugarcomunero de que los hombres son como los teléfonos y qué se yo, pero me dejé de cosas y decidí hacerme frente y aceptar que no, que los gays y los hombres casados son encantadores y, sí, muy abundantes, pero no podían ser, ni con mucho, las únicas opciones en todos los lugares a donde iba; más bien algo estaba pasando que, en un lugar lleno de gente distinta, ésos eran los únicos seres con los que elegía platicar. Después de que pasaron meses y meses sin que nadie me invitara ni un café —como no fuera para ofrecerme trabajo y explotar mis dotes literarias hasta que me sentí más exprimida que el tubo de Clearasil de un puberto—, tuve que dejar de contarme cuentos chinos y asumir que sí, algo estaba yo haciendo que sistemáticamente boicoteaba todas mis oportunidades y me negaba a la posibilidad de empezar una nueva historia con alguien nuevo. Y que no sólo eso: a fuerza de echar al mundo el doble discurso de "sí quiero, pero a la mera hora mejor ya no", fui generando, sin darme cuenta, expectativas e ilusiones en individuos que yo ni siquiera consideraba parejas potenciales, en una serie de maniobras que, en el mejor de los casos, pueden calificarse de injustas e inconscientes y, en el peor, de crueles y propias de otro tipo de personas. Me tomó mucho tiempo darme cuenta de todo lo que estaba generando, pero, una vez que lo supe, empecé a replantearme mis costumbres y mi forma de presentarme al mundo.

Si yo y mis alocadísimas noches de viernes estamos de un lado del espectro —el de la treintona que es buena para alardear de tener todo para comerse al mundo pero a la hora de la hora se hace más pato que Lucas—, del opuesto están esas chicas que van por la vida contándole, a quien se los pregunte y a quien no, también, que acaban de salir de una separación complicadísima y que ahora sí les urge, pero les urge, encontrar una pareja que las satisfaga y las haga sentir realmente plenas (lo que sea que eso signifique). Ellas, desde luego, sí son capaces (no como una, ¿verdá?) de adivinar que si el tipo sentado a su izquierda trae el pelo muy bien cortado, la corbata osadamente combinada con la camisa y no para de hablar de cuánto desmerece la versión de Catherine Zeta-Jones de "All That Jazz" frente a la clásica de Bebe Neuwirth, casi seguramente es gay y, desde el punto de vista de la mujer que busca pareja, ni vale la pena esforzarse por hacer migas; es más, en dos segundos convence al muchacho de que mejor se cambie de lugar porque en ese pega mucho el chiflón y las gripas en esta temporada se ponen de a peso y, a cambio, consigue que se siente ahí ese tipo que se ve aburridón y trae los zapatos sin bolear, pero tiene toda la pinta de ser casabolsero o, mínimo, mínimo, consultor financiero; así como perciben al casabolsero de inmediato, también son capaces de, con dos preguntas muy certeras y estratégicamente colocadas, averiguar si su interlocutor es soltero, casado, divorciado, si tiene hijos y, en caso de no estar disponible, si tiene hermanos, primos o parientes lejanos que pueda presentarle. El problema es que, con tantito que se descuide, su entusiasmo y su afán por conseguir su objetivo puede incomodar a los demás y hacerla ver como alguien obsesionada a tal punto con conseguir una pareja, que deja fuera cualquier otro tipo de dinámica social. El mundo, para ella, se reduce a un catálogo de galanes potenciales, y todo aquél (o aquella) que no entre en el catálogo, no tiene por lo tanto razón de ser ni de interactuar con ella.

Lo ideal, por supuesto, sería lograr una mezcla perfecta de ambas actitudes. Yo, al menos, daría lo que fuera por que no me diera miedo, ni pena, anunciar con mis gestos y conductas que estoy lista para conocer a alguien más y para dejarme cortejar, sin que eso implicara reavivar todos mis fantasmas de que soy una rogona y de que a quién quiero engañar, si de todas maneras no voy a salir ni en rifa, y demás historias truculentas que me organizo en mi cabeza. Y me parece que habría por ahí más de un par de mujeres a quienes les vendría muy bien relajarse, liberarse aunque sea por una noche de la labor de caza y pesca y tomarse el tiempo necesario para descubrir que el mundo está lleno de criaturas interesantes, aunque no tengan ni el más mínimo potencial de convertirse en sus maridos o sus novios. Ahí, en ese justo medio entre la obsesión por buscar pareja y el terror a encontrarla, podría estar la solución y el sitio perfecto de la treintona soltera que busca dejar de serlo.

9

¿Qué quiero y qué no?

Donde la treintona delimita su cancha

A estas alturas, en que ya más o menos tienes claro si quieres un novio o no, y para qué, así como que la mejor manera de conseguirlo no es recorriendo tu lista de contactos de Facebook o del celular y preguntando "¿todavía tienes novia? ¿Y vas en serio o nomás te estás haciendo güey?", creo que es momento de que pasemos a una segunda fase: que te preguntes y te pongas en claro cómo quieres que sea ese novio que quieres. Porque lanzarse al mundo nomás a ver qué cae, es como si a un cazador le diera lo mismo pescar una trucha que un ornitorrinco, una jirafa o una sífilis. Por más que estés dispuesta a tener abiertas tus opciones, es necesario que delimites más o menos qué buscas, qué quieres evitar y qué esperas de una pareja antes de lanzarte a buscarla.

Evidentemente, no se trata de hacer una lista del súper; es decir, no pienses que tienes que hacer una relación meticulosa y rigurosísima de cualidades y características y dejar fuera a quien no cumpla con todos y cada uno de los elementos de tu lista —digamos, si el muchacho en cuestión es simpático, amable y culto (o el equivalente de los tres primeros elementos de tu lista; éstos son los de la mía) tal vez puedas pasar por alto su firme convicción de que las playeras de superhéroes son el súmmum de la elegancia—, pero sí puede servir como una guía y una forma de circunscribir tu terreno de búsqueda. Digamos que es como cuando se arma la cáscara y lo primero que se hace (bueno, lo segundo después del numerito infame de formar los equipos) es delimitar claramente la cancha y las porterías, de manera tal que establezcas sin lugar a dudas cuál es tu terreno de juego y no te internes en parajes que no te incumben ni constituyen para ti parte de la cancha reglamentaria. Si conoces tus límites y tienes una idea aproximada de lo que estás buscando, puedes, si no acelerar el proceso, al menos sí evitar frustraciones innecesarias al toparte con que nadie cumple tus expectativas porque estás buscando en el lugar o entre la fauna equivocados.

Pongamos pues que ya sabes lo que quieres, pero ahora se trata de averiguar para qué lo quieres; es decir, qué expectativas tienes de una pareja potencial. Por poner un ejemplo menso, si lo que quiero es alguien que me acompañe a todas las bodas y actividades familiares, deje a mis parientas muertas de envidia y esté dispuesto a bailar hasta los chilaquiles, los mariachis y más allá, entonces más vale que deje de hacerle ojitos a ese gordito simpático y arrítmico que insiste en invitarme a salir, porque lo nuestro está condenado a fracasar; si, por el contrario, quiero un hombre que me entretenga, me cuente cosas interesantes, me entienda y me haga reír, entonces más bien lo que toca es mandar al buzón las llamadas del Pierce Brosnan región IV que se siente el rey de las pistas pero que no aporta demasiado y darle otra oportunidad al gordito, aunque eso implique negociar mis cumbias por otros rumbos. Cuanto más claro tenga qué espero de una nueva pareja —y, por supuesto, qué es lo que yo estoy dispuesta a aportar a la ecuación— será más simple y llano el proceso de encontrar alguien nuevo con quien compartir mi vida.

Que no le digan, que no le cuenten

Permítanme por un momento sacar a la Talina Fernández que llevo dentro y dirigirme a ustedes que nos ven desde casita, mis reinas, para pedirles que me hagan el enorme favor de pararse frente al espejo de su baño —no el del vestidor, no hagan trampa, porque luego, luego, van a empezar a apretarse la lonja y de eso no se trata—, que se vean muy fijo a esos ojos tan peeereciosos que tienen y que se pintan tan bonito y repitan tres veces "soy maravillosa y me merezco un hombre maravilloso". ¿Qué tal? ¿Ya? Muy bien, mis amores, gracias. Una vez que terminaron con este sencillísimo y efectivo ejercicio de autoafirmación, háganme favor de quitarse del espejo, que tampoco se trata de pasarse ahí el día.

Ahora, por piedad, mis amores, tómenselo en serio. Pero de veras. Es que luego las ve una conformarse con cada cosa, nomás porque deciden que ya están muy grandes para aspirar a algo mejorcito (o que, de perdis, se acomida un poquito de vez en cuando), que dan ganas como de jalarlas de los pelos y regresarlas a casa de su mamá, a ver si las convence de tener aunque sea un tantito de sentido común y de autoestima. Ante el horror que puede provocar el fantasma de la soltería y sus muchos estigmas, las mujeres —y varios hombres— pueden llegar a bajar sus estándares y desoír sus necesidades de forma francamente escandalosa.

No lo voy a negar, la soledad es canija. Y remontarla una vez que se ha cruzado, y sobradita, la frontera de los treinta, se antoja complicado; si yo les contara la cantidad de amigos míos que, después de separarse, una vez pasado el trago amargo de la ruptura, los pleitos, los mentirosísimos "de veras, no me pasa nada" y la decisión de con quién se queda el perro, confiesan que una de sus grandes angustias —además de lo del perro, que no es moco de pavo— es pensar de dónde demonios van a sacar ahora una nueva pareja ahora que —oh, cielos— ya son unos tremendos treintones, no, bueno: se irían de espaldas. Yo sé, yo sé que buscar pareja a estas alturas a veces se siente como llegar a comprar fruta al mercado muy avanzada la tarde: queda poco y lo poco que queda se ve de a tiro muy pellizcado; pensamos que alguien más ya se llevó todas las buenas opciones y aparentemente (ojo, digo aparentemente, que quede claro) los buenos partidos ya "salieron" desde hace varios años y existen fuertes razones para pensar que los que quedan es porque están agusanados y no son tan recomendables. Después de todo, piensas, si ya tuvieron tantos años para encontrar una pareja y casarse como Dios manda, si siguen solteros, por algo será.

Éste sería un postulado muy sensato y verosímil si no fuera por el pequeño detalle de que nosotras —guapas, inteligentes y fabulosas como somos— también andamos solteras y disponibles. Sostener que quienquiera que esté soltero a estas alturas es porque o es una ficha o tiene problemas graves, equivale a meternos un autogol que ni el Conejo Pérez en sus mejores momentos. Digo, sí, tenemos lo nuestrito, como ellos también tendrán lo suyito, y ya hemos visto que así, fácil, fácil, ya no es la cosa (aunque, insisto, a diario nos topamos con ejemplos de que todavía se puede), pero no se vale descalificar de un plumazo y a priori a todos los hombres que te pasen por enfrente sólo porque estás juzgándolos de acuerdo con un modelo en el que, de entrada, tú no cabes. Y no se trata de contarse el cuento de que tú eres la excepción de la regla: yo puedo enumerar así, rapidito, al menos a diez amigos (variadito, hombres y mujeres) que en este momento no tienen pareja y son simpáticos, amables, cultos, inteligentes y razonablemente decorativos (ya sé, deberíamos decidirnos de una vez a dejar de bañarnos y formar la comuna hippie que el amor olvidó, pero todavía tenemos esperanzas, ni modo); estamos solteros por razones muy variadas, que pueden ir desde la recuperación de un divorcio tempestuoso hasta la necesidad de reflexionar bien antes de embarcarse en una nueva relación, pero el caso es que, aunque necesitemos paciencia, somos buenos partidos, como seguramente eres tú y será también un tipo con el cual seguramente te encontrarás si decides dejar de fijarte en los defectos y carencias de todos los que te pasan por enfrente y empezar a enfocarte en sus cualidades. Si eres sincera contigo misma y aceptas que ahí afuera hay espléndidos partidos en espera de que los descubras, y si en lugar de enumerar todos los requerimientos de tu lista que los personajes a tu alrededor *no* cumplen, eliges poner tu atención en los que sí cumplen, tal vez la experiencia cambie y te veas en pareja más pronto de lo que crees (o no, pero seguramente te divertirás más durante el proceso).

Eso sí, cuidado si ninguno, absolutamente ninguno, te convence: puede ser que seas víctima de lo que yo llamo "el síndrome de Groucho Marx" (sí, ya sé que tengo nombres para todo; es el curioso resultado de la suma de muchos kilómetros de natación en solitario y una mente inquietona y medio lela), que consiste en que desconfías inmediatamente de cualquier ser humano que demuestra cierto interés por ti. Groucho Marx, el comediante gringo, decía que había renunciado a un club que lo había aceptado porque se negaba a "pertenecer a un club que acepte entre sus miembros a gente como yo", y cuando una es, como somos muchas, de autoestima distraidona, es fácil pensar que quienquiera que te pretende (o sea, que te acepta en su club), por esa sola razón es desconfiable y automáticamente un candidato poco deseable. "¿Cómo?, ¿quieres conmigo? Ay, muchacho, pues has de estar muy mal, francamente; o estás mal de la cabeza o no eres un buen partido, porque mira nomás con qué poco te conformas." Suena ridículo porque está llevado a la caricatura, pero podría ser que ésa fuera, si lo piensas un poco, la razón por la cual ninguno de tus pretendientes te termina de convencer y a todos les encuentras un defecto. Si todos están mal, no es descabellado pensar que la que está mal —la que no se está dando chance de que le guste ninguno— eres tú.

Todo esto, para que no te creas ni por un minuto que, puesto que ya no escogiste cuando teóricamente estaba más amplia la variedad, ya no vas a encontrar nada que sea realmente de tu gusto, o sea que más te vale contentarte con unas manzanas que no estén muy magulladas y un plátano medio verde. O que, peor todavía, tú eres la que está reducida a ser una piña medio entepachadona, a pesar de todos tus años de esmerada educación, sesiones matutinas de Pilates y galones de agua con clorofila que te hacen sentir como cabrita de Pedro, el de *Heidi*. Para nada. Aprende a mirarte y valorarte con objetividad y cariño, date permiso de despertar pasiones y gustarle a todo el mundo y siéntete libre de esperar hasta que realmente te convenzas de que llegaste al lugar indicado con el hombre indicado. Si de todas maneras ya eres treintona y soltera, qué más te da tomar las cosas con calma y esperar un poco más, con tal de que la decisión, cuando llegue, te haga sentir no resignada, ni conforme, sino plenamente feliz.

Si, como decía la abuela de mi prima, los maridos son como los mameyes y nunca sabes cómo te van a salir, existen altas probabilidades de que una cáscara que todo el mundo pasó por alto porque se ve irregular y medio maltratada esconda un centro dulce y en su punto. Mientras no pierdas la esperanza ni en ti ni en tus congéneres, diviértete probando hasta que encuentres lo que te guste.

¿Y esas expectativas, de quién son?

A ver, a menos que seas Heidi Klum (en cuyo caso, mis respetos, Heidi, eres más políglota de lo que yo pensaba), no eres Heidi Klum. Probablemente, tienes otro cuerpo, otra imagen corporal y otra idea de ti misma y, por lo mismo, te parecería absurdo comprarte un vestido con el argumento de "es que a Heidi se le ve increíble", pues sí, reina, nomás que ella vive de ser guapa y flaquísima y altísima y tú seguramente no, por lo que pensar siquiera que lo que a ella le sirve y le queda bien, a ti también, es una falacia de estratosféricas proporciones. Más te vale aprender qué te queda y qué no para evitar ir por la vida pisándote el dobladillo y aguantando la respiración, mientras tu cintura reclama que le escamoteaste un par de tallas.

Lo mismo puede aplicarse a la búsqueda de pareja. Puede sonar absurdo, pero la realidad es que es muy sencillo —y muy común— que tengamos los oídos perfectamente abiertos a las opiniones de todo el mundo y, como consecuencia, vayamos de cita en cita tratando de que el sujeto que está sentado del otro lado de la mesa cumpla con una serie de expectativas que, si lo pensamos tantito, ni son nuestras ni nos importan mayormente, con el enorme peligro de que, ya con una relación aparentemente seria y sólida, nos descubramos un buen día a tropezones y sin respiración, simplemente porque nos hicimos de un novio que no nos quedaba bien.

Que levante la mano quien nunca haya escondido un novio, un pretendiente o, de menos, una atracción culpable de sus amigas. A menos que, como me sucede a mí, tu fama te preceda y puedas andar declarando tus entusiasmos con el salvoconducto fantástico de "todas sabemos que a Juana le gustan los feos", todo el mundo tiene una inclinación culpable que preferiría morir desollada antes que verse obligada a confesar. Y lo que hay detrás de todo esto es una idea fundamental de que a todas nos tienen que gustar los mismos y todas tenemos que buscar las mismas cosas en una pareja. Esto, que está muy bien para la secundaria —por favor, si fuimos capaces de peinarnos con crepé y declarar nuestro amor irrestricto por los New Kids on the Block, aunque ni les entendiéramos, qué más daba jurar que Netito, el ñango insufrible de primero A, era una verdadera bomba sexy, digno de todas nuestras angustias y todos nuestros quebrantos, cuando en realidad quien hacía latir nuestro corazoncito era ese ñoñazo que las demás ni volteaban a ver—, en la edad adulta deja de serlo tanto: como adulta que eres, debes ser capaz de separar lo que para ti es importante y lo que tú quieres de lo que piensas que deberías querer y valorar, aunque eso implique el doble de chamba en términos de introspección y búsqueda interna y externa. Esconder y negar al ñoñazo estaba bien para la secundaria, pero a los treinta, cuando lo que está en juego es un poco más serio que verse en el recreo y pasarse la tarea de Química, ya no puedes seguir creyendo que tus necesidades son de la misma talla de las de Heidi Klum, o de Heidi la de las cabritas, o de tus amigas, o de tus padres, para el caso; por ello, es importante que te tomes un tiempo para definirlas y conocerlas.

Y cuidado con caer en la trampa planteada por los genios del mal de la revista *Cosmopolitan* de que somos las mujeres "que lo quieren ¡todo!" y, por lo tanto, andamos exigiéndole a un pobre incauto, que ilusamente pensó que únicamente estábamos tomando un café y averiguando qué onda, que se convierta como por arte de magia en el prospecto ideal para nosotras, para nuestras amigas, para nuestros papás, para los editores de *Cosmo*, cómo no, y hasta para nuestra tía abuela Maruquita, que ya está con un pie en la tumba y queremos darle una última satisfacción invitándola a nuestra boda con un muchacho decente y de buena familia. Puede sonar ridículo, pero (como tantas otras cosas que pueden sonar ridículas) es la historia de mi vida: me he preocupado tanto por satisfacer las expectativas de todos los seres humanos a mi alrededor, que he desarrollado una personalidad camaleónica que lo mismo se pone collar de perlas, va a un bautizo y habla de lo difícil que es encontrar buen servicio hoy en día, que discute el problema del doble destinatario de la literatura infantil en una cocina en la colonia Juárez ataviada con jeans rotos y una cerveza en la mano (pero con buenos accesorios, porque no hay que olvidar nunca que una cosa es una cosa y otra cosa es otra cosa). Y el problema es que todo el tiempo he exigido a mis parejas que sigan ese patrón y que vayan constantemente cumpliendo con todas esas expectativas que yo me invento y les transmito. Huelga decir, supongo, que el resultado no ha sido exactamente idóneo y que he terminado enormemente frustrada (y los pobres, enormemente traumados) porque nadie se ajusta a mis parámetros: si cumple con unos, falla en los otros, y así. Después de tantos años de vivir presentándome neciamente a todos lados con un vestido —léase, un galán— que, como diría mi abuela, "ya casi me queda" (gran frase que usaba cuando surcaba su radar una perfecta talla 8 incrustada en una perfecta talla 6), ahora estoy dedicada a delinear las medidas de un príncipe azul que me guste a mí y que me convenza a mí. Lo siento, *Cosmo*, pero quererlo "¡todo!" no parece ser tan gran idea; más vale querer poco, pero tenerlo claro.

En la duda, elimina

Claro que ese príncipe azul suena más fácil así, en abstracto, que ya, concretito. No por nada le sacas la vuelta a esa amiga de tu mamá que equivocó su vocación y tendría que haberse dedicado a celestina, no a profesora de Historia en una secundaria, ésa que cada vez que te descuidas y te la topas en una comida o fiesta de cumpleaños te asalta a preguntas sobre por qué no tienes novio y exactamente cómo te gustan los hombres, porque los papás de sus alumnos ya se andan divorciando todos y, bueno, en estos tiempos no hay tantos estigmas como antes, y de cualquier forma tú ya no eres una escuincla como para andarte asustando por esas cosas. Le sacas la vuelta, sí, porque es atorrante como pocas, tiene la incomodísima costumbre de hacer comentarios sobre tu peso y tu apariencia física que no hacen ni tus tías a las que más quieres ("¿sabes qué es buenísimo para estos gorditos que salen acá —mientras te pellizca la lonja y tú te retuerces como chinicuil—? ¡Unos masajes! ¡Ven para que te dé el teléfono, ándale, ven!") y, encima, está dispuesta a ofrecerte en el patio de su escuela como en mercado de esclavos de la Grecia Antigua; pero lo que realmente te desconcierta y te hace encerrarte en el clóset de los abrigos cada vez que oyes que cruza el umbral de la puerta, es pensar que, en realidad, no tienes la más remota idea de qué decirle. ¿Cómo te gustan los hombres? A estas alturas, te das de santos con estar cien por ciento segura de que te gustan los hombres (con los tiempos que corren, ya es ganancia), pero no tienes del todo claro exactamente cómo son los que te gustan.

Algún día lo supiste. Claro que sí. Alguna noche lejanísima de tu adolescencia te quedaste hasta las mil y quinientas con tus amigas, discutiendo cómo era tu hombre ideal, de preferencia con un póster de la revista *Eres* o su equivalente gringo de Corey Haim o Ricky Martin a manera... pues de "machote", ni modo, de lo que tarde o temprano llegaría a ser tu marido o el hombre de tu vida (que, a la larga, ambos hubieran resultado pésimos partidos; agradece y piensa nomás de la que te salvaste). Luego lo platicaste con tus amigas veinteañeras, ya tomando vino y sintiéndose de lo más refinadas, diciendo que querías que fuera guapo, inteligente, culto, simpático, y trabajador, que se llevara bien con tus amigos y tu familia, que tuviera un buen trabajo —de preferencia, uno que implicara vestirse de traje todos los días— pero que no fuera *workaholic*, que le gustara viajar y salir, que supiera bailar, que te entendiera, que te quisiera muchísimo, que compartiera tus gustos, que se complementaran, que le gustaran los perros y las tortugas, y así, un larguísimo etcétera que se convertía en realidad en una carta a Santaclós que invariablemente se te olvidaba cuando aparecía un mono que te movía el tapete y te dejaba convencida de que no había necesidad de revisar la lista ni hacer ajustes, porque él y nadie más era tu pareja ideal. En los albores de tu vida en pareja, tenías una idea mucho más romántica del vínculo que se establece entre dos individuos e inclusive llegabas a darle al asunto una especie de connotación mágica y todopoderosa: sin importar la cantidad de palomitas que reuniera en la lista de cualidades, de pronto te enamorabas sin saber muy bien ni cómo y ¡zas!, como por arte de magia sus caracteres embonaban cual piezas de rompecabezas e instantáneamente se formaba un lazo indisoluble y eterno.

Hoy, a tus treinta, ese cuento que se lo crea su abuela. La vida y tus experiencias se encargaron de hacerte ver, de manera muy, muy clara, que ni magia ni un cacahuate: la pareja requiere de un trabajo arduo, consciente e ininterrumpido, y a lo más a lo que puede uno aspirar es —sin ánimo de ser prosaica ni cínica, pero así es— a soportar las neurosis del otro sin tener ganas de tirarlo por la ventana después de un rato, así como a construir, con las neurosis de ambos, un proyecto común. Que si se hace bien, puede ser algo realmente interesante, placentero y que los motive a crecer a los dos, pero que no puede descuidarse ni dejarse a la suerte o a la química, tan fugaz y pasajera. Para que eso no pase, más vale que le dediques a la búsqueda de pareja la misma atención y el mismo análisis metódico que utilizas para tomar tus otras decisiones en la vida. Y un elemento fundamental es establecer qué quieres —y qué no quieres— del próximo hombre que dejes entrar a tu vida.

Lo primero que puedes hacer para ir construyéndote un cierto modelo de tu príncipe azul particular es fijar tus límites. Una vez más, delimitar tu cancha, definiendo muy claramente lo que por ningún motivo quieres, y restringiendo así el universo de seres humanos con los que ya te encontraste o te vas a encontrar. A mí me parece sano, por ejemplo, tener absoluta y completa certeza de que mi pareja no puede ser un hombre casado, o comprometido sentimentalmente con alguien más (un amigo dice que es el equivalente a que te tengan encerrado y sólo te visiten de vez en cuando, y me parece que tiene razón); otras mujeres podrán tener una cierta postura con respecto a que el hombre con quien se emparejen tenga hijos, o que sea de una cierta nacionalidad, religión o edad (hay quienes con dos años de diferencia ya se sienten una *cougar,* pos ni pa' qué sufrir, francamente, o prefieren que los hombres sean varios años mayores que ellas). En fin, cada quién sabrá qué le parece inaceptable (la Cuquis un día se negó a salir con un muchacho —con el pobre tipo parado en la puerta, boletos del cine en mano y todo— porque no le gustaron los zapatos que traía puestos, y ésa no es, ni con mucho, la razón más exótica que he escuchado para rechazar a una pareja potencial) y con qué sí está dispuesta a lidiar, y el hecho de tenerlo claro hará que las posibilidades se vayan reduciendo y vayan, poco a poco, apareciendo por el horizonte candidatos más apetecibles.

Otra estrategia que a mí me funciona (aunque tampoco es que yo sea la flor más bella del ejido, pero bueno) es pensar

151

mis expectativas de un hombre ya no en términos de un rosario interminable de cualidades indispensables, sino en cómo me quiero sentir cuando esté con él, en quién quiero ser, vamos. Puesto de esta forma, en lugar de poner en mi lista "que piense que soy maravillosa" y obtener a cambio un encantador muchacho que casi no puede ni proferir palabra porque piensa que es indigno siquiera de compartir mi mesa (*sorry*, chicas, pero me ha pasado), prefiero planteármelo en términos de cómo quiero que me haga sentir: o sea, sí, que me haga sentir que le parece fantástico estar conmigo tomando un café, pero no al punto de hacerme cuestionarme por qué estoy perdiendo mi tarde con un cuate que siente que no puede aportar nada a la interacción. Y así, con todo. Basta de decir "que sea guapo"; para empezar, yo, apoyada por mi póster de Matthew Broderick en *The Freshman*, soy el ejemplo más claro de que eso de la guapura no es algo universal ni estático, ni siquiera para una (mi absoluta indiferencia de este preciso momento ante Matthew Broderick en *The Freshman* lo confirma), así que vete tú a saber qué es eso de ser guapo o guapa; mejor pensar "que me guste" y ya, tienes carta blanca para, como yo, irte entusiasmando por los seres más insospechados y menos atractivos desde un punto de vista convencional, simplemente porque tienen "algo" que te hace considerar seriamente la posibilidad de acercarte y, de manera muy decente, presentarte y preguntarle si no le molestaría del todo que procedieras a ponerle unos besos. Frente a esa posibilidad, ¿qué diversión puede haber en redactar y cotejar listas interminables, cuando puedes estar simplemente conociendo un montón de gente y viendo cómo se ajustan tu personalidad y tus necesidades a las de ellos? La abstracción, la sensatez y la teoría muy a menudo pueden entorpecer esa otra actividad extraña que se llama vivir y que, bien hecha, puede ponerse francamente divertida.

Así las cosas, haz a un lado tu lista (y el póster de Ricky Martin, porque está bien que cuides tu inocencia, pero todo tiene un límite) y concéntrate en la persona que tienes enfrente, ese muchacho de carne y hueso que muere de ganas de conocerte y cortejarte, porque tal vez te convenzas de que es de tu talla y te acomoda. Si todavía el muchacho no se te presenta, deja de pensar que existe un solo modelo de buen partido y que seguramente los de tu generación ya se los llevaron todos y hazte a la idea de que tú, con todas tus magníficas cualidades y peculiaridades, necesitas a alguien que se ajuste a tus necesidades y que lo vas a encontrar nada más que te decidas a dejar de inventarte historias y a dejarte querer. Como todo lo que implica formarse una opinión y un gusto propios, el proceso no va a ser sencillo ni rápido, y probablemente implique aguantar un par de miraditas socarronas de tus amigas y tu familia, pero mientras tú seas feliz —realmente feliz y consciente— no tienes por qué hacerles caso. Puedes escucharlos, pero, al final de cuentas, la que sabe qué necesita y qué le entusiasma eres tú; si para eso estás grandecita.

10

¿Existen "las reglas"?

Donde la treintona prueba y afina
sus propias reglas

"Los hombres son cazadores; les gusta perseguir, no que los persigan." "Date a deseo y olerás a poleo; date a cada rato y olerás a caca de gato." "Las niñas no les hablan a los niños." "Si no te busca, es que no le gustas." "Es de urgidas tomar la iniciativa." Ah, las reglas. Las fórmulas que toda mujer decente y mona que aspire a conseguirse un novio y un marido como Dios manda debe seguir al pie de la letra, so pena de aparecer ante el sujeto en cuestión —y ante la madre del sujeto y la suya propia— como una mujer que no se da a respetar u, horror de horrores, como una "rogona". Son como las dietas: todas las conocemos, todas nos hemos jurado que las vamos a seguir sin falta, todas hemos envidiado a nuestras amigas que se apegan a ellas y consiguen los resultados que están buscando, todas las hemos desobedecido y hemos llorado amargas lágrimas de arrepentimiento cuando las consecuencias nos son desfavorables, o nos hemos congratulado en secreto cuando las rompemos y a cambio obtenemos satisfacciones que ni sospechábamos. A partir de que las niñas llegan a la adolescencia y sus relaciones con los niños empiezan a volverse menos claras y más ambiguas, las reglas se hacen presentes en sus vidas y no hay manera de ignorarlas o pasarlas por alto.

Ni siquiera voy a intentar esconder o matizar el hecho de que a mí las reglas no me acomodan. Simplemente, no van con mi personalidad ni con la idea que yo tengo de los lineamientos que deben regir las interacciones entre dos seres humanos que se caen en gracia y están abiertos a la posibilidad de explorarse como parejas potenciales (o de explorarse, así, a secas; que somos "modelnos", oiga). Frente a los discursos que dictan que a una, como princesita que es, lo que le corresponde es verse muy bonita, lanzar tan sutilmente como sea posible todo tipo de señales de interés y disponibilidad y después quedarse sentada sobre sus manitas, sin tomar el teléfono, ni el chat, ni el mail, ni el whatsapp ni el feis ni el tuiter (oh, qué tiempos aquéllos en que sólo nos inquietaba el timbre del teléfono; ahora el mínimo bip-bip nos provoca taquicardias y una desilusión tremenda diez segundos después, cuando descubrimos que es la tía cibernética preguntando qué queremos de regalo de cumpleaños), mi postura siempre ha sido que una tiene que poder pararse frente a un hombre y explicarle sus intenciones, en lugar de esperar a que él las adivine y decida actuar, o no, en consecuencia. No voy a negar que esto tiene sus pros y sus contras, y que en ocasiones ha tenido más de los segundos que de los primeros, pero según yo eso se debe, como explicaré más adelante, a razones que tienen más que ver con mis motivaciones para actuar de esa forma que con mis actos en sí; por lo pronto, baste con aclarar que estoy convencida de que no existe una fórmula mágica que pueda dictar la manera idónea en que un hombre y una mujer deben relacionarse y comportarse uno con la otra, y, muchísimo menos, una sustentada sobre la idea de que la situación idónea de las mujeres valiosas es la inacción.

Con todo, el hecho de que a mí estas reglas y estas formas de entender la interacción no me funcionen no quiere decir que no entienda que, en ciertos contextos y según ciertos modelos, tienen una razón de ser y contribuyen a la estabilidad emocional de ciertas mujeres. Después de todo, tampoco es que yo, a juzgar por los resultados, sea el gurú máximo de este tipo de asuntos y que esté ni de lejos capacitada para aprobar ciertas conductas o prohibir otras. Para nada. Sin embargo, como observadora crítica del fenómeno —y transgresora convencida y feliz que soy de las reglas y los manuales de cómo ser una niña modosita— creo que puedo aportar ciertos argumentos válidos a la discusión, a fuerza simplemente de observar las motivaciones detrás de las decisiones y las acciones de las mujeres que me rodean.

¿Estás segura de que te interesa un novio que lleve ese tipo de cuentas?

No hablo nomás porque sí; para nada. Si yo también le he dado su oportunidad al asunto éste de las reglas. Concretamente, a raíz de que mi amigo el Fresa, después de enterarse de mi reciente reinserción en la soltería, me salió con que, si yo estaba de acuerdo, le iba a dar mi teléfono a su mejor amigo, que conocía mi trabajo y estaba interesado en conocerme a mí, para que me invitara a salir. En un afán de experimentación sociológica y un desplante como de la doctora de *Gorilas en la niebla*, yo le dije que sí, que cómo no. Y luego, porque eso no le hace mal a nadie y nadie tiene por qué enterarse, procedí a meter el nombre del sujeto en un motor de búsqueda y me enteré de su puesto y su currículum, de que no estaba en Facebook ni en Twitter y de que en 2001 coordinó una mesa redonda sobre proyectos de sustentabilidad de nosequé. Una vez terminada mi pesquisa, elevé una plegaria al Cielo por que el tipo tuviera otros intereses además de la sustentabilidad, porque de otra forma la cena iba a ser una tortura china, apagué la compu, crucé mis manitas, y me senté a esperar.

La llamada llegó, puntualísima, a los estrictos cuatro días de mi conversación con el Fresa. Era un martes por la noche (día muy conveniente para armar un plan para el final de la semana) y, después de una conversación razonablemente fluida y entretenida dadas las circunstancias, convenimos en salir a cenar el siguiente jueves (en lugar de un viernes, que le daría un cariz más serio y formal al asunto); por supuesto, el punto de reunión no sería "afuera de una cantina en Coyoacán", ni "en tal bar de la Condesa", como sugieren de pronto mis amigos los más impresentables, sino en la puerta misma de mi casa, mientras yo esperaba sentadita en la sala, vestida y arreglada lo suficiente para verme bien pero no tanto como para que pensara que estaba dispuesta a rogarle que mis hijos llevaran su apellido. Igualmente puntual, el tipo me mandó un mensaje cuando salía de su oficina y llegó a mi casa poco después.

El resto es un ejemplo típico de cómo suelen transcurrir esas situaciones entre los individuos que hacen caso de las reglas. Yo me paro junto a la puerta del coche y espero, diligente, a que abra; él pregunta a dónde quiero ir, yo respondo "a donde tú quieras" (porque, puesto que él paga, él sabe sus posibilidades); yo me bebo el vodka más largo de la historia (porque no es cosa de que piense que todos los escritores somos Hemingway); él pide tres cosas, yo, una ensalada (elegida, desde luego, por el bajo precio); yo pregunto cosas sobre su trabajo y pongo cara de que hasta la sustentabilidad esconde secretos fascinantes para mí; yo hablo de mis sobrinos y comento que me llevo maravillosamente con ellos (es más, hasta me acuerdo de sus nombres), él dice que es muy de su familia y sus amigos; llega la cuenta, yo hago un mínimo gesto de sacar mi cartera, él dice que por ningún motivo. En el trayecto de regreso, yo voy dándome imaginarias palmaditas en la espalda y felicitaciones por mi buen comportamiento, y casi voy pensando que esto de las reglas está chistoso como ejercicio de actuación hasta que, de pronto, frente a mi puerta, no puedo contenerme más y, a un comentario suyo sobre cuán admirable y profundo le parece cierto locutor bastante babas, yo respondo con un chiste de los míos. El tipo se saca muchísimo de onda, jura que nos volveremos a ver pronto y desaparece en la negrura de la noche. Y para siempre.

Esta experiencia, además de para volver todavía más complicada mi relación con mi amigo el Fresa, sirvió para convencerme, de una vez por todas, de que las reglas y yo no nos llevamos bien. Y, más que las reglas, los sujetos que las observan y las siguen. Como dije más arriba, yo entiendo que hay personas y grupos sociales a quienes les acomodan y que están perfectamente acostumbrados a interactuar así y a que cada uno de los miembros de la pareja o pareja potencial se apegue a ciertas conductas estándares. Pero, como diría Cri-Crí, nosotros —léase, yo— no somos así. Si bien yo entiendo que en los albores de una relación de cualquier tipo es necesario reservarse ciertas cosas y fingir un poco en lo que averiguas de qué se trata el asunto y con quién estás lidiando, el papel de niña modosita que no hace chistes a costa de su interlocutor a mí me va muy mal. Por favor: si, en buena parte, me gano la vida de reírme de la gente, no puedo, de buenas a primeras, hacer como que no me pasan por la cabeza setecientos comentarios espantosos por segundo, y cualquiera que salga conmigo lo sabe o debería de saberlo (no soy la única que sabe usar un motor de búsqueda, ¿o sí?). Tampoco es que sea inmisericorde ni cruel, y por supuesto que me es posible contenerme y no aventar al mundo todo lo que me pasa por la cabeza, pero es verdad que mi cerebro y mi carácter no son los de una mujer acostumbrada en todo momento a que el hombre tome la iniciativa y lleve las riendas de la conversación y la relación.

Esa cena con el amigo fresa del Fresa me dio para una larguísima plática con el Sensei. Fue en una fiesta elegantísima a la cual, evidentemente, nos habían invitado por error. Habían transcurrido unas tres semanas desde la famosa cena y yo estaba empezando a sospechar que aquello no iría para ningún lado, y debo confesar que el asunto me provocaba cierta desazón, no tanto porque el tipo me gustara o no, sino porque me indignaba y me azoraba a partes iguales que un individuo, habiendo salido conmigo una vez, no muriera de ganas de repetir la experiencia (todavía sigo sorprendiéndome muchísimo cuando eso llega a pasar). El caso es que, sentados en el piso, afuera del elegantísimo salón donde presentaban una revista o algo así, muy *fashion* y muy *trendy*, y habiendo consumido lo que cómodamente podría equivaler a una alberca olímpica de cerveza importada y gratis (el mesero ya nos había agarrado cariñito), procedí a ofrecerle al Sensei una narración jugada por jugada de la noche y a preguntarle si tenía idea de dónde estuvo el problema.

La respuesta del Sensei, como de costumbre, fue demoledora. Se me quedó viendo fijamente, suspiró y me preguntó cuál era mi afán de seguir un código que ni me acomodaba ni era ya el mío. Yo, no muy convencida, intenté defenderme y decirle que sí, que sí era. Le señalé mi top negro con lentejuelas y mis zapatos de charol con tacón de aguja como prueba de mi condición fresa (aunque el estar sentada en el piso bebiendo chela le restaba un tanto de validez al argumento, he de decirlo). Él apuntó la cantidad de veces durante la cena en que yo había "jugado" a ser de otra forma y a comportarme de otra manera de la que me comporto habitualmente, y me hizo ver cómo, más pronto o más tarde, mi verdadera personalidad terminaría por aflorar —como, de hecho, sucedió— y las cosas entre nosotros estaban condenadas a no funcionar del todo.

Todavía hoy, mi amigo el Fresa y yo seguimos sin mencionar el asunto. Para todo fin práctico, su amigo se mudó a vivir a un sitio donde no hay teléfonos ni internet —probablemente, a algún punto del corazón del África negra donde hace harta falta lo de la sustentabilidad— o sufrió un ataque de amnesia y olvidó mi existencia, y entre nosotros no se habla del tema ni por casualidad. Supongo —y espero— que a estas alturas ese muchacho ya habrá encontrado una mujer mona, de buena familia, lista y que esté dispuesta a jugar según las reglas; de verdad lo espero, porque se lo merece después de haberme servido como conejillo de Indias para entender, finalmente, que yo no tengo ni disposición ni ganas de adoptar íntegro y sin masticar un modelo ajeno, que ni me acomoda ni se ajusta a mi personalidad ni mis necesidades. Muy por el contrario, como me alcanzó a decir también el Sensei antes de que nos echaran definitivamente de la fiesta porque ya nos habíamos terminado la cerveza y afeábamos mucho el paisaje, la forma en que yo me plantee una relación con un hombre tendrá que ser en mis términos y desde la libertad de un modelo nuevo, no de un discurso aprendido.

Tus propias reglas

A raíz de esa conversación —una vez negociada una horrible cruda de cerveza holandesa que eligió atacarme, de entre todos los escenarios posibles, en un desayuno de beneficencia—, me puse seriamente a la tarea de meditar cuáles eran las reglas y las conductas que me funcionaban a mí, puesto que las tradicionales que se ajustaban tan convenientemente a los talantes y disposiciones de tantas de mis amigas nomás no me terminaban de convencer (ni de salir bien, como quedó demostrado con mi fiasco). Si estaba tan en contra de los discursos tradicionales y aprendidos, más me valía o encerrarme en un convento donde no se tomaran muy en serio lo del voto de obediencia, o encontrar una forma de plantear y buscar una pareja que se acoplara mejor a mi forma de ser.

Llegué a varias conclusiones muy fuertes. La primera, que a mí definitivamente no me iba lo de la condición pasiva. Desde que, todavía adolescente, iba a los antros con mis amigas y me asaltaba esa extraña sensación –probablemente errónea, ahora que lo pienso– de que las mujeres teníamos que resignarnos a que nos "escogieran" como si estuviéramos en novela del siglo diecinueve o, ya en plan más salvaje, en refrigerador de salchichonería, me daba verdadero horror. Aún más, porque yo no me sentía suficientemente atractiva como para poder competir con algunas de mis compañeras y, pensando equivocadamente que a los hombres les atrae un solo tipo de mujer, estaba segura de que, a menos que tomara el asunto en mis manos y me lanzara a cortejar a quien a mí me viniera en gana, no tenía ni la más mínima posibilidad de éxito. A pesar de que me divertí enormidades ejerciendo mi autonomía y saliéndome de las reglas, ahora alcanzo a ver que había una falla fundamental en la motivación: que, lejos de estar tomada desde la libertad, estaba tomada desde el miedo y la inseguridad. Vamos, está muy bien que una, si así se le antoja, vaya por la vida presentándose frente a quien le plazca y requiriéndolo de amores, de sudores o de amistades, siempre y cuando sea, precisamente, porque se le antoja, no porque piense que no tiene otra opción. Si hemos de hacer caso una vez más a la sabiduría que profería mi padre con razón o sin ella, "a cada capillita le llega su fiestecita", y una puede elegir quedarse sentadita y de brazos cruzados, y habrá gente, y parejas, para todas, siempre y cuando una esté en la disposición de recibirlas. Ahora que, si a una no se le da eso de sentarse y prefiere la emoción de tomar al individuo por sorpresa y caerle a los besos, pues muy su gusto y ojalá que le aproveche, que lo haga por las razones correctas y que lo disfrute.

A la segunda conclusión importantísima a la que llegué fue que, puesto que me negaba a seguir el camino previamente trazado por generaciones y generaciones de solteras que me antecedieron, tenía que marcar el mío propio, el que me acomodaba a mí y a nadie más. Y eso implicaba fijar mis propios límites. Eso, que se dice tan fácilmente, me ha llevado unos buenos veinte años, a partir de que más o menos a los quince descubrí lo enormemente divertido que podía llegar a ser expresarle abiertamente a un sujeto que asco, asco no te daba. Pasé por varias etapas: desde aferrarme a tipos que no valían la pena, que no estaban interesados en mí y que tarde se les hacía para encontrar formas de demostrármelo (por suerte, fueron los menos, y esos asuntos duraron poco), hasta decidir que Fulano o Zutano iba a ser mi novio, casi independientemente de lo que Fulano o Zutano tuviera que decir al respecto. Tengo voluntad de hierro, así que huelga decir que Fulano y Zutano se cuentan, efectivamente, entre mis exnovios y que, a pesar de que no me arrepiento de ellos (no me arrepiento de ninguno, la verdad), sí alcanzo a darme cuenta de que las dinámicas fueron siempre como al principio: yo los elegí, yo los procuré, yo los convencí y yo hice todo, hasta terminar con ellos porque, irónicamente, lo sé, me parecía que les faltaban carácter y arrestos para tomar sus propias decisiones. Mi misión, si decidía aceptarla, consistía en encontrar un justo medio donde ejerciera la suficiente agencia como para no sentirme pasiva pero no tanta como para tomar control absoluto de la situación.

Hoy en día, mis reglas son muy sencillas y van mutando de acuerdo con la forma en que van evolucionando los intercambios. Hoy, ya tengo claro que no tengo una personalidad muy fácil y que en ciertos momentos puedo aparecer intimidante ante los ojos de una pareja potencial; que no es sencillo que un hombre se me acerque, vamos, así que, si me gusta, trato de ser amable y facilitarle la chamba. Si aun así no reacciona, o reacciona, pero no termina de decidirse, no tengo inconveniente en hacer manifiestas mis intenciones e, inclusive, dar el primer paso: iniciar un contacto, propiciar una cita, darle unos besos... lo que haga falta. Siguiendo la metáfora del pókar, puedo apostar un par de manos con las cartas tapadas. Pero, a partir de cierto momento, como también sucede en el pókar, "como veo, doy"; en cuanto siento que yo ya hice lo que tenía que hacer y que la bolita está en la cancha del sujeto, entonces sí, no me muevo más, sino que espero que sea él quien lo haga. Simplemente porque creo que, una vez puesto en claro que entre nosotros puede pasar algo, si el tipo no hace un esfuerzo por buscarme o por que la relación vaya a más, es porque no le interesa, no está dispuesto o no está en situación de hacerlo, en cuyo caso qué necesidad tengo yo de apostarle a un juego que no tiene futuro. Y el termómetro que tengo para medirlo es mi propia comodidad: si en lugar de sentirme emocionada y divertida, me empieza a dar como pena, quiere decir que estoy llevando las cosas demasiado lejos y esforzándome en un asunto que no lo vale. De esta manera, he logrado un equilibrio bastante sano entre mi necesidad de procurarme activamente lo que me interesa y mi proclividad a hacer la chamba de todos y luego quejarme porque el tipo no muestra ningún tipo de iniciativa; sin que esto quiera decir que todas mis relaciones sean exitosas, ni que todas prosperen, al menos entiendo que si no prosperaron fue porque él no estaba interesado o a la mera hora no éramos tan compatibles como yo creía, pero no porque el tipo ni siquiera llegó a imaginarse que a mí me gustaba.

El truco aquí es no cambiar de caballo a mitad de la carrera. Esto es, que —otra vez en palabras del Sensei—, si ya te decidiste a que vas a jugar a Nikita, no salgas después con que eres la princesa Caribú. Si ya te colocaste, vía un amigo de un amigo, vía un pretexto baratísimo disfrazado de ofrecimiento de chamba o de la manera que se te haya ocurrido, frente al sujeto en cuestión, ya apalabraste una salida, ya le caíste a los besos y ya hasta desayunaron juntos, no puedes luego salir con que esperas que te llame a los tres días, te presente con sus amigos como "Lucy, mi novia" y te lleve a conocer a sus papás. O bueno, sí es posible que haga las tres cosas, pero a lo que voy es que probablemente no sea, ni vaya a ser nunca, una persona a quien las reglas le importen (es posible que ni las conozca siquiera). Tienes toda la razón en esperar que te busque y se interese por seguir en contacto contigo, pero tú ya estipulaste claramente que las cosas van a ser más o menos equitativas y que tú no eres una muñequita de sololoy que espera sentadita a que el hombre tome todas las iniciativas. En otras palabras, ten muy claro cuánto estás dispuesta a esperar para que vuelva a aparecer (no porque no quiera, tal vez tiene mucho trabajo, pero tú tendrás que decidir hasta dónde aguantas), acostúmbrate a abrir tú sola la puerta del coche y prepárate a salir en citas románticas con siete de sus amigos. Una vez afuera del mundo de las reglas y las princesas, todo —venturosamente, TODO— puede pasar.

Y, si todo falla, escucha a los Enanitos Verdes

No a los que viven en tu cabeza —que ésos, si son tantito como los que viven en la mía, son profundamente desconfiables—, sino al grupo argentino de los ochenta que cantaba aquella de "estoy parado sobre la muralla...". Probablemente esté yo cavando mi tumba social, pero tengo que confesar que pocos versos de canciones me han servido tanto y durante tanto tiempo como ése contenido en "No me verás" que dice "todo lo que pueda pasarnos, si somos sinceros, estará bien". Y eso, para mí, implica ser sincera conmigo misma, con el mundo y, desde luego, con el hombre con el cual estoy saliendo o averiguando qué onda.

(Lo siento, pero aquí me siento en la necesidad de hacer un grandísimo paréntesis para mencionar un asunto que traigo atravesado desde cuándo: no es lo mismo ser sincera que ser completa y absolutamente compartida. A ver, mujeres, ¿qué necesidad tienen de andarle contando hasta los últimos detalles de sus interacciones a todas sus amigas, a la manicurista y hasta a esa chava del club que lo único que hizo fue desearles los buenos días? Yo entiendo que yo peco de lo contrario, que soy como el conejo —misterioso y... no muy listo—, pero, francamente, qué ganas de tener que estar oyendo las opiniones y juicios de todo el mundo; yo, por las dudas, no hablo de un sujeto que me gusta más que con un par de amigos que son grandes consejeros y altamente discretos, hasta que la cosa se vaya viendo más o menos formal y permanente; nomás de pensar que tengo que andarle explicando a todo el mundo que el tipo en cuestión desapareció después de tres citas, me quiero como desmayar y, en cambio, a la mínima intimación, en lo que espero que me corten el pelo o se desocupe una regadera, me tengo que soplar a una muchachita que platica con lujo de detalles cómo está segura de que, ahora sí, su novio Ger le va a dar el anillo, segurito; sólo de pensar en que Ger un buen día enloquezca y salga huyendo hacia las montañas y deje a

la chiquis desconsolada y teniendo que explicar su dedo des-
nudo, se me parte el alma.)

Yo sé que, poniéndonos muy tremendos, el fingimiento es
parte fundamental de la vida de las mujeres y de la condición
femenina. Todas, en mayor o menor medida, nos enchinamos
unas pestañas de aguacero, nos alaciamos unos ondulados
latosísimos, nos depilamos, echamos mano del autobroncea-
dor cuando andamos de a tiro verdosas o nos insertamos
en una faja cuando el abdomen se pone en franco plan ex-
pansionista. Y nos parece muy normal y que es parte del paquete de ser mujer; el problema es cuando además de llenar
de corrector las bolsitas debajo de los ojos, lo hacemos con
nuestra forma de pensar y de interactuar con los hombres.
Ahí sí, conmigo —con todo y que me divierto muchísimo en
el salón, dejándome hacer de todo— ya no cuentan. Yo sé que
hay mujeres a quienes les funciona muy bien eso de mandar
dobles mensajes, de decir "sí" cuando es "no" y "no" cuando
es "sí" (como, según el guapísimo Kevin Kline en la fantástica y todavía insuperada *French Kiss*, hacen las francesas),
pero algo hay en esa actitud que me suena como a traición
a mí misma y, desde luego, a un sabotaje temprano y terrible
de cualquier relación. Si yo no puedo ser como soy —o, ya
de perdis, una versión amigable y manejable de quien soy, al
menos en lo que el tipo agarra valor o se acostumbra— con mi
pareja, entonces sí, estoy perdida, porque se supone que estoy
buscando compartir una parte significativa e importante de mi
vida con él.

Y no sólo se trata de que a mí —como ya lo dije y quedó
demostrado en aquella cena de agridulce memoria— lo de fingir que soy alguien más, distinto a como soy en realidad, me

salga muy mal. Sobre todo, es que me da una profunda tristeza pensar que estoy dispuesta a compartir mi vida con alguien incapaz de apreciar el encanto y atractivo de mi personalidad (que sí existen y sí los tiene, de veras). Por el contrario, me provoca una enorme tranquilidad saber que estoy poniendo las cosas claras, que me estoy moviendo dentro de límites que me resultan cómodos y seguros y que si, por una cosa casi milagrosa, las cosas funcionan y logro consolidarme como parte de una pareja, no voy a tener que voltear un buen día y explicarle al pobre tipo que la verdad lo había estado engañando todo este tiempo y en realidad mi personalidad no tiene nada que ver con la de esa muchachita silenciosa, diligente y apocada con la cual ha estado saliendo en los últimos años. Después de todo, más me vale convencerme de que si el tipo no quiere salir conmigo, así, en todo mi salvaje esplendor, si no siente que está hecho para las emociones fuertes, pues con la grandísima pena: él mismo se lo pierde.

11

Tengo un cuerpo y me gusta usarlo

Donde la treintona escribe lo que no deberían leer sus tías… ni sus sobrinos

Con todo y que la caza y pesca tienen su lado muy divertido y, a ratos, emocionante, esto de no saber de dónde —o de quién— van a provenir tus próximos besos tiene lo suyo de angustioso. Sobre todo si, como yo, se tiene una cierta propensión a pensar lo peorcito y darse al fatalismo y en cualquier signo —tres meses en seco, dos tipos al hilo que quedan en llamar y luego se esfuman, una racha de amigos que pasan por fragorosísimos divorcios— se está dispuesta a ver un aviso inequívoco de que la muerte más sola que un perro ahora sí es inminente o de que el voto de castidad, tan anunciado, ya llegó para quedarse y, horror de horrores, a'i vienen detrás los de obediencia y pobreza a terminar de completar el cuadro de la monja sin convento. Eso, en los días en que le trepas a Daniela Romo y su "Quiero amanecer con alguien", pero existen también otros en los que la sola perspectiva de volver a meter a un hombre a tu cama y dejar de lado las playeras raídas a manera de pijama te provoca una flojera supina y te orilla a considerar más de cerca la opción monástica; como si te faltaran asuntos para preocuparte en términos de una nueva pareja, como si no tuvieras suficiente con angustiarte por si va a entender tu gusto malsano por las películas de Katherine Heigl y tu necesidad imperiosa de cambiarte el color del barniz de uñas cada tres días, piensas, como para encima tener que volver a acostumbrarte a los gustos, sabores y preferencias de una persona nueva. Es terrible. Y, sin embargo, es necesario y hasta saludable; por más que una se las quiera dar de liberada y autosuficiente, en la búsqueda de pareja está involucrado, o debería estarlo, el factor físico.

Sin embargo, el asunto no es tan facilito ni tan sencillo de abordar, al menos para mí. Mi aproximación al tema de la sexualidad y el erotismo puede resumirse con una curiosísima conversación con mis amigas de la secundaria. No recuerdo a santo de qué, se discutía el asunto del término ideal para referirse a los senos (tengo que advertir que escribir ese tipo de palabras me llena de un impulso tremendo por cortarme las manos; así de marcada me dejó mi educación puritana); mientras que unas defendían ése, *senos*, otras pugnaban por otros tan infames como *bubis* o *chichis*. Yo cumplía con guardar un perfecto silencio y jugar a que estaba de visita en una galaxia muy, muy lejana; hasta que alguna cayó en la cuenta de que, mal que bien, en la mesa había alguien que no sólo se dedicaba profesionalmente al asunto de nombrar y apalabrar, sino que no había dado su opinión. Me preguntaron, entonces, cómo les decía yo. "No les digo", respondí; "así de fácil". Se hizo el silencio, mientras todas caían en cuenta de que, efectivamente, nunca, en veinte años de amistad, me habían escuchado hablar del asunto. Ni de ningún otro por el estilo. Así como podían citar opiniones, tirrias y comentarios míos sobre casi cualquier cosa, nunca me habían escuchado expresar nada sobre temas ni remotamente aparejados a la vida sexual.

Sé que no es fácil de entender, pero de donde yo vengo (de allá, de un mundo raro, diría José Alfredo) de esas cosas no se habla. Tenemos lo que yo llamo el síndrome de querubín barroco: esto es, la firme creencia de que la condición física de la persona se termina en el cuello, como esos angelitos cachetones que se esculpían en las esquinas de los retablos y que no tienen más que cabeza y unas alitas, sin cuerpo. Así, igualitos, somos todos los miembros de mi familia: debajo del cuello tenemos algo que utilizamos básicamente como percha (eso sí, siempre muy elegante) y como sostén de la cabeza y sólo nos preocupamos por él para alimentarlo mesuradamente, ejercitarlo y cuidarlo para que no se enferme. Puede ser que sirva para algo más que para convertirnos en los reyes del *round robin* del torneo de singles, puede ser que hasta nos haga pasar ratos francamente agradables fuera del gimnasio, pero si sí, el asunto no se menciona, no se reconoce su existencia y muchísimo menos, por supuesto, se discute públicamente. En el contexto de una familia semipuritana como la mía, era muy fácil creer que los únicos goces posibles eran los derivados de la razón y el entendimiento, no del cuerpo ni de la carne.

Con ese discurso crecí yo, pensando que eso estaba muy bien y que no había necesidad de meterse en complicaciones innecesarias. A juzgar por las tragedias griegas y las telenovelas, eso del sexo tenía una terrible propensión a hacer que todo terminara por pudrirse y salir mal y, francamente, qué necesidad había de complicarse la existencia cuando se podía llevar una vida ordenada y razonablemente divertida, sin necesidad de inmiscuir al sexo y sus terribles efectos colaterales en la ecuación. Durante mi infancia y buena parte de mi adolescencia, el sexo era algo de lo que se hablaba poco y, cuando se llegaba a hacerlo, se abordaba clínicamente. No se nos iba a negar ningún tipo de información —si para eso éramos progresistas y de avanzada y no teníamos miedo a las ideas—, pero tampoco se nos iba a contar la verdad, toda la verdad y nada más que la verdad de lo divertido, gratificante y gozoso que puede ser el sexo por el sexo mismo si se practica con libertad, autonomía y, sobre todo, sentido común.

Venturosamente, yo tengo la bonita manía de cruzar todos los límites nomás pa' ver qué hay del otro lado. No es que sea deliberadamente desobediente, ni que mis padres hayan sufrido terriblemente por mis rebeldías (de hecho, era de una ñoñez y de un modélico rayanos en lo insufrible), pero de vez en cuando sentía la necesidad de transgredir ciertas reglas o ciertos lineamientos que me parecía que me estaban limitando algo que igual sí estaba bueno. A fuerza de ejercer este tipo de conductas fue como, después de mucho insistir, me hice de un par de zapatos Windy's (mi mamá simplemente no concebía la idea de invertir ni un centavo en zapatos de plástico) y como, muchos años más tarde (ya curada de mi fiebre por el calzado sintético, que quede claro), decidí que era buen momento de despojarme un poco de los traumas heredados y averiguar qué onda con eso del sexo. Me pareció que todo eso que había escuchado —o que, en el caso de mi familia, no había escuchado— al respecto merecía que lo probara por mí misma y me formara mi propia opinión.

Donde se reivindica a la policía china y al sexo por el sexo mismo

Yo soy reservada por naturaleza. Hasta un poquito exagerada, lo reconozco. Pero qué quieren; a los mensajes que recibí de chica sobre que había ciertas cosas de las que no se hablaba y que no se mencionaban, se sumó un carácter tímido y bastante introvertido, a tal punto, que hasta la fecha no tolero ese afán de ciertas personas por organizar mesas redondas sobre su persona o sus sentimientos y mucho menos, muchísimo menos, estoy dispuesta a discutir asuntos que tengan que ver con mi ombligo y sus alrededores. Digamos que me rijo por un principio muy simple: si le interesa a mis médicos, no le incumbe a mis amigos, y viceversa. Así, podré platicarlo, en caso de absoluta necesidad, con ciertos amigos y siempre padeciéndolo enormidades, pero en general tiendo a no hacerlo y, desde luego, no lo veo como algo particularmente divertido. Mi cuerpo es para mi propio uso y disfrute, y de aquél a quien yo decida, en plena libertad, prestárselo, pero no me interesa convertirlo en centro de discusión o debate alguno.

Es una conducta rara, lo reconozco, sobre todo tomando en cuenta que nací y crecí en una época en la cual las discusiones abiertas sobre la sexualidad no sólo se permitían en ciertas circunstancias, sino hasta se pusieron de moda. Como toda mi generación, vi, religiosa y repetidamente, todos los capítulos de todas las temporadas de *Sex and the City* —con todo y que el personaje de Sarah Jessica Parker me crispa los nervios con eso de que es una "agudísima" y exitosísima escritora que vierte ideas geniales en el Word mientras camina en toalla por su cuarto; además de que tiene cara de pie, lo cual ya de suyo es muy molesto– y, como toda mi generación, absorbí la idea de que es propio de las mujeres modernas sostener profundas y detalladas conversaciones sobre sus parejas y su vida sexual, de preferencia mientras consumen cantidades navegables de cocteles rositas y platos y platos de ensaladas exóticas. No obstante, yo no me compré nunca ese discurso y hasta la fecha sigo negándome a entrar en ningún tipo de detalles al respecto con nadie que no sea el directamente interesado.

Y es que, en realidad, nadie que tenga un mínimo de sentido común puede darse el lujo de ignorar el hecho de que, en pleno siglo veintiuno, todavía existen ciertos prejuicios en contra de las mujeres que ejercen y disfrutan de su sexualidad y que lo admiten abiertamente. Como dice Marian Keyes en *Lucy Sullivan Is Getting Married*, su maravillosa novela sobre treintonas solteras, alguien en la historia de la humanidad nos jugó chuequísimo a las mujeres: por un lado, nos regalaron, si bien no de muy buena gana, la revolución sexual, pero al mismo tiempo nos dieron unos paquetotes de culpa, como quien regala un vestido rojo, corto, ceñido y precioso, pero con la condición de que se use únicamente con mocasines cafés; una combinación fatal, vamos. Estoy de acuerdo en que ya la cosa no es tan tremenda como para las generaciones anteriores y que los discursos han cambiado, pero así como el mundo entero hoy anda calzado con sus plastiquientos Crocs y ni quién les tosa (salvo mi madre, probablemente), todavía estoy segura de que varias mujeres (y hombres, no se hagan) casi preferiríamos afrontar la locura derivada de la sífilis antes que entrar con nuestros padres a la farmacia en pos de un condón. Por las razones que sean —nuestras herencias judeocristianas, la moral taimada y barroca de nuestro pueblo o las enseñanzas de los conquistadores españoles, nuestros villanos favoritos cuando no sabemos a quién más echarle la culpa–, el sexo sigue siendo un tema del que no se habla; un tema que, al igual que las lluvias interminables de verano y los impuestos, nos causa tanta incomodidad, que preferimos fingir que no existe o, en su defecto, cubrirlo a tal punto de culpas y prejuicios que ni son nuestros, que le quitamos todo lo que pueda tener de juego y de disfrute. El ejercicio de la sexualidad femenina en nuestra sociedad todavía se sigue percibiendo bajo una luz negativa y, puesto que no es posible prohibirlo, es mejor reprimirlo.

A menos –y ahí es donde mi disposición a comportarme como miembro de la policía china ha demostrado ser de gran utilidad– que una tenga muy claro eso de que los asuntos de una le incumben a una y nada más. Que es lo mismo que decir que, si amanece en mi cama un muchacho cuyo nombre bien a bien no recuerdo pero estábamos en la misma fiesta el día anterior y bailaba súper bien y, obviamente, nos caímos de lo mejor, con la única persona con la que me siento obligada a discutir el asunto y evaluar las circunstancias es conmigo misma –y, si se presta la situación, con el muchacho, pero nada más. No porque crea que mis actos tengan nada de malo ni de reprobable, sino porque sé que no todo el mundo comparte mi opinión y porque el hacer públicos mis asuntos equivale a otorgar un permiso tácito de organizar mesas redondas sobre mi persona y mi comportamiento. Lo cual no quiere decir que no pida consejos de vez en cuando, pero únicamente a aquellas personas que sé que comparten mi forma de ver las cosas. Si vivo en una sociedad que se niega a aceptar la validez de ciertos actos que a mí me parecen normales y hasta valiosos, yo hago mi parte no dejando de cometerlos, pero sí absteniéndome de notificarla de que los cometo, y todos tan contentos.

Y así como ayuda saber de qué no hablar, es importante, por supuesto, identificar de qué sí se debe hablar, y cuándo. Esto es, cuándo sentarse con el individuo con quien una haya elegido liarse y poner las cosas claras. Yo creo firmemente en la locura con método o, lo que es lo mismo, las transgresiones acordadas: todo se vale, hasta lo que dizque no se vale, siempre y cuando todos los involucrados (yo diría que nomás dos, pero cada quien que haga lo que quiera) estén de acuerdo y conscientes de aquello a lo cual se están comprometiendo (hasta donde sea posible, siempre hay que estar abierto a que las cosas se compliquen y haya que andar apagando incendios). Si, como mencionaba en otro capítulo, nos topamos de buenas a primeras con un hombre con quien es impensable plantearse una relación de pareja como tal —porque no existe un territorio común suficiente, porque los caracteres de ambos son completamente incompatibles, porque todavía escucha al Tri, porque insiste en que su verdadera filiación política es el magonismo o por la razón que sea—, pero que, pongamos, en una borrachera monumental se armaron los besos y resultó que la química sexual era fantástica y eso no es algo que se venda en las farmacias como para andarlo desaprovechando, quizás vale la pena platicarlo un poco y acordar un esquema donde los dos estén contentos y nadie se llame a engaño. O si, pongamos otro caso, conoces a alguien en un viaje, en un congreso o en cualquier otro tipo de experiencia pasajera y te llama la atención precisamente el carácter eventual del asunto, no es necesario contarte la historia, ni contársela a él, desde luego, de que en realidad es el amor de tu vida y nomás que consigas quién rente tu departamento y se quede con tus gatos te mudas con él a Belice a empezar una nueva vida rentando jetskis. No hay ninguna necesidad; al contrario: te conviene mucho más contarte la verdad, y admitirte y admitirle que estás más que dispuesta a pasar una tórrida noche con él, a regresar a tu casa tan feliz y contenta y, probablemente, a olvidarte en cosa de una semana o dos hasta de cómo se llama y por qué te pareció tan irresistible. Probablemente, sólo cuando alguien mencione de pasada los problemas de la frontera te venga a la mente que algo supiste tú de por allá, pero, si jugaste bien tus cartas, ni tú ni él tendrán por qué pasarla mal ni atormentarse por el hecho.

Y, por supuesto, por "jugar bien las cartas" entiendo poner dichas cartas sobre la mesa y no crearse ni crearle falsas expectativas. Es lo que es, papacito, y no hay esperanzas secretas ni motivos más trascendentes que pasar un buen rato y punto. Lo cual implica, claro, que tú seas la primera en tenerlo claro y sentirte cómoda con ese arreglo, que no se parece en nada al "el sexo es algo entre dos personas que se quieren mucho y quieren tener hijos" que probablemente aprendimos en la infancia. Es complicado, porque estamos acostumbrados a condenar cualquier actividad sexual que no cumpla un cierto propósito —hasta las heroínas de Televisa más descocadas "se entregan" (horrendo eufemismo) por amor o, las malas remalas, por interés, pero no porque les pasó por enfrente un bombón sin compromiso y les andan haciendo falta unos besos—, y por ello nos cuesta trabajo hacernos a la idea de que el sexo por el sexo no sólo es posible, sino hasta deseable y enormemente disfrutable si se lleva a cabo de manera inteligente, madura y responsable.

Una libra de cadera no es cadera...

Por supuesto, un ingrediente fundamental para disfrutar de tu cuerpo es conocerlo y quererlo, cosa que podrá sonar muy obvia, pero es complicadísima y, particularmente en nuestra sociedad, está casi prohibido. Pensándolo bien, no conozco a una sola mujer que esté contenta y satisfecha con su cuerpo; por más que diga que lo está, y que se declare por encima de las trampas absurdas que la publicidad y los medios machistas de comunicación le imponen a las mujeres en un afán de dominarlas (o algún otro discurso igualmente ensayado y apantallante), a la hora de decidir entre pedir postre o abstenerse, va a poner cara de sufrimiento y a proferir el reglamentario "híjole, es que no debería" antes de lanzarse vorazmente sobre el tiramisú. Y éstas son, desde luego, una minoría altamente minoritaria: en general, las mujeres podemos dedicar horas enteras —y desbordado entusiasmo— a condolernos del diámetro de nuestros brazos o la cortedad de nuestras piernas (con todo y que me da un tantito de vergüenza el incidente, tengo que confesar que le retiré el habla un año a un incauto que, en un ataque de franqueza que el menso todavía no alcanza a comprender pero que, con todo, no ha dejado de lamentar, me tildó de "caderona", para mi profundo estupor y posterior indignación; según mis amigas, al perdonarlo me vi débil y poco solidaria con mi género: tendría que haber arreglado el asunto, mínimo, con un francotirador, un rifle de largo alcance y una azotea despejadita con vista a su oficina) y pensamos que así es como deben ser las cosas. Desde muy pequeñas, las mujeres aprendemos que, así como es propio de la gente bien criada pedir las cosas "por favor", es de buen tono y mínima civilidad sentirnos profundamente descontentas con nuestra apariencia —y, en particular, con las proporciones y medidas de nuestro cuerpo—, así como ponerlo claramente de manifiesto con tanta asiduidad como nos sea posible. El descontento con el cuerpo constituye una parte del intercambio social tan importante como el saludo o las inquisiciones sobre el bienestar físico o emocional de la otra persona.

Y, claro, si vivimos ninguneándolo y viéndolo feo, ni modo que al momento de exhibirlo ante otra persona todo esto se nos esfume de la mente y elijamos, en cambio, concentrarnos en lo verdaderamente importante y divertido; pues claro que no, si para colmo aprendimos que venimos a este mundo a sufrir y a negarnos placeres. A la hora de la acción, podremos decir que estamos cien por ciento dispuestas al abandono y a actuar de mil maneras distintas, pero probablemente estaremos mintiendo de horrible forma y no podremos quitarnos de la cabeza que nuestro abdomen no ha vuelto a ser el mismo desde que abandonamos la clase de Pilates, que nos urgen una semanita en la playa y un par de sesiones más de depilación láser, que seguro con esta luz se nota mucho más que llevamos tres meses sin retocarnos las raíces y así, trescientos mil detalles más que nos obsesionan y en los que, casi seguramente, aquél con quien estamos no ha reparado ni reparará siquiera (y, si acaso lo hace, mejor tíralo y consíguete otro más miope y menos fijado). Con toda probabilidad, la única que se flagela y piensa que su cuerpo no merece ningún tipo de apapacho eres tú y tu patológica concepción de belleza y atractivo.

Eso sí, no eres la única mujer que piensa que su cuerpo es tan horrible y lleno de defectos que no merece que lo consientan. Para nada, somos legiones. Peor todavía: de tan hechas bolas que traemos las nociones de belleza y bienestar, pensamos que al cuerpo entre más se lo castigue mejor se comporta; estamos tan condicionadas y acostumbradas a que el cuerpo es un ente rebelde —una especie de enemigo que traemos colgado de los hombros—, cuyos apetitos y necesidades tenemos que controlar y, de ser necesario, ignorar completamente, que en muchos casos no sabemos qué hacer cuando decidimos ponerle un poco de atención y tratarlo "bien" (yo pasé por una larga fase en la cual me dedicaba a "consentirlo" con cerveza y comida chatarra, con el consiguiente aumento de peso y envenenamiento por colorante naranja). Si, en lugar de reprimirlo todo el tiempo, aprendiéramos a quererlo más, a darle permisos y a disfrutar de lo que puede ofrecernos, sin tomar en cuenta lo que digan nuestras amigas, la tele, la báscula y las buenas conciencias en general, nuestra vida —en la recámara, en el gimnasio, en la cocina y en todos lados— sería mucho más relajada y feliz.

Hay que perder todo, menos la conciencia

No hace falta ser Adán y Eva para saber que esto del sexo no es asunto sencillo. Cualquier treintona soltera que se respete sabe ya a estas alturas de su vida y del siglo que no es un tema que se pueda ignorar o tomar a la ligera; por favor, quien quiera negarlo, que piense exactamente cuánto tiempo le ha dedicado a ponderar la pertinencia de depilarse las piernas antes de una cita —a la que, desde luego, ya sabes que vas a ir de jeans, así que lo de depilarse sería claramente una apuesta a futuro— o de sacar del fondo del cajón esos calzones incomodísimos pero

que según la publicidad de la tienda de lencería son una pieza
fundamental e infalible en cualquier ejercicio de seducción; o
medite diez segundos en ese instante fabuloso, de mariposas
en la panza, en el que no puedes pensar en nada, porque la noche está a punto de terminar, ya decidiste que el tipo siempre sí
te anda moviendo el tapete y los dos están claramente hacién-
dose mensos en lo que ponen sus hormonas en orden y tratan
de irrigar suficiente sangre al cerebro para decidirse a dar un
próximo paso (o, si ésa es tu estrategia, para decidirse a no darlo
y esperar a cambio su siguiente jugada). El sexo es un elemento
presente y que necesita tomarse en cuenta en todo momento,
ya sea para elegir a una pareja potencial (tú y el muchacho en
cuestión sabrán qué importancia le dan y en qué proporción su
vínculo está sustentado en ello) o para elegir simplemente un
cómplice con quien pasar un buen rato, ejercer la mutua libertad y distraerse de la soltería.

Claro que en estos temas del sexo lo único que no se vale
es hacerse mensa. Nada de "pues no me di cuenta, se me olvi-
daron mis nociones de Biología elemental y ahora ya lo eché
todo a perder", porque las consecuencias pueden llegar a ser
terribles. El sexo es fantástico si se practica con información
(una vez más, bendita época donde existe el anonimato del
motor de búsqueda, aunque siempre está bueno tener un mé-
dico de confianza a la mano) y desde un estado mental saludable y positivo. Ya sé que suena a plática de secundaria,
pero me perdonan, veinte años después, las mismas reglas que
escuchamos en la secun (sobre todo, en una secun progresista
y liberal como la mía) siguen teniendo vigencia: para disfrutar
del propio cuerpo y compartirlo con otra persona es indispensable quererse, cuidarse (el cuerpo, claro, pero también la ca-

beza y el corazoncito) y hacerse responsable de una misma y, dentro de la medida de lo posible, del otro. Ya, echando mano de los discursos ochenteros, diré que todavía tienen vigencia el "tú vales mucho y mereces respeto" y todas esas frases que escuchamos de pequeñas y que de repente parece que, en un afán por no quedarnos solteras y por no espantarnos con una serie de fantasmas que a la mera hora ni existen ni nos tocan, dejamos que se nos olviden. En este momento en que tenemos, o deberíamos tener, toda la información y todos los derechos a nuestro alcance, más nos vale cuidar nuestro cuerpo y hacer uso y disfrute de él de la mejor manera posible.

Lo complicado es que, fuera de la estrecha —y, para mí, aburridísima— consigna de "nada hasta que te cases", que, mal que bien, simplifica todo porque directamente saca al sexo de la ecuación y deja a las parejas convertidas, nuevamente, en Ken y Barbie (con plástico liso debajo de la ropa), no hay una fórmula que dicte cómo manejar el tema de la sexualidad en la pareja treintona. Hay mujeres que deciden utilizar su sexualidad como estrategia de control y a manera de anzuelo constante, porque están interesadas en hombres que valoran la castidad y malmiran a las mujeres que ejercen su sexualidad; mientras que otras prefieren encamarse primero, averiguar después y, en el ínter, discutirlo todo hasta la náusea con sus amigas en torno a los martinis y los cosmos; otras más, eligen ceder a sus impulsos y luego se arrepienten amargamente, se cubren de vergüenza ellas y sus familias y, para todo fin práctico, se cuentan unos novelones que ni los peorcitos del siglo diecinueve, dejando a los pobres muchachos muy perplejos y sin entender absolutamente nada, y hay otras, como yo, que piensan que está bien ceder a los impulsos de manera responsable y ordenada y que, si el otro se friquea, se desaparece o se escandaliza, será su problema y probablemente no resultará tan buen partido como hubiera parecido en un principio.

12

¿Será que mi éxito me estorba?

Donde la treintona se compara con un queso maloliente

Ni siquiera tiene que ver con que seas Margaret Thatcher (o Charlize Theron o Ana Bárbara, quienquiera que sea tu arquetipo de mujer exitosa). Ni con lo que respondas al ineludible "¿y tú qué haces?", planteado por un desconocido en una barra, en una reunión o en un café; lo mismo da que respondas que estás a cargo de proyectos importantísimos en una casa de bolsa, que tienes una columna semanal en un diario de circulación nacional o que lo que estás haciendo es esperar a que el tipo se decida a terminar de acunar amorosamente ese capuchino con el cual ya lleva hora y media, porque ya es el último cliente y tú eres la encargada de lavar la taza, apagar la luz y cerrar el changarro. Lo mismo da, pues, porque el mensaje de "soy una mujer independiente y autosuficiente que no necesita de nadie" lo puedes aventar, fuerte y claro, sin importar cuál sea tu estatus en la vida y, por lo mismo, puedes ir proyectando una imagen que mantiene a todos los hombres a raya sin que tú acabes de tener muy claro ni cómo ni por qué lo haces. En otras palabras, tu independencia y autonomía pueden funcionar perfectamente como una barrera para impedir que nadie se te acerque.

Planteemos un escenario con fines ilustrativos (que, por supuesto, no tiene absolutamente nada que ver con nada que me haya sucedido a mí en un pasado reciente, si cualquier parecido con la realidad en que me hayan visto es purísima coincidencia). Es viernes en la noche, llegas a la fiesta de cumpleaños de tu amiga la Ochentera y, además de un *playlist* que incluye a Flans y a Lila Deneken, te encuentras con los invitados habituales, algunas parejas que como que te suenan, pero no los conoces bien y tres hombres desconocidos. Dos de ellos son, claramente, pareja, pero el tercero está tan mal vestido y se ve tan incómodo, que a todas luces es heterosexual. Y no es tan feo, suena interesante y, de cualquier forma, tú estás en tu momento de darle a todo el mundo el beneficio de la duda hasta que su conducta te indique lo contrario. Te ofrece traerte algo de beber; le dices que ya uno de tus amigos se está encargando, gracias. Te pregunta qué haces, le contestas. Azuzado por tu respuesta, empieza a aventar datos muy complicados de la industria y el oficio que pueden sonar a que es un mamerto, pero más bien demuestran bien a las claras que está muy nervioso y está tratando de impresionarte... tú, ¿cómo reaccionas? ¿Escoges a) darle chance, hacerle ver que te sorprende a qué grado conoce los vericuetos del mundo editorial, para luego confesarle, con cara de culpa, que no tienes la menor idea de lo que te está hablando y seguir la conversación a ver a dónde va, o b) sugerirle sutilmente que le baje de espuma a su chocolate, de favorcito, porque esos datos no sólo no te suenan de nada, sino que más bien suenan a posiblemente apócrifos y luego abandonarlo para bailar cumbias con tu amigo el que te trajo una chela? Si tu respuesta fue a), claramente eres una mujer mucho más hábil y segura que yo; yo, en ese caso concreto, me incliné por la opción b) y después, cuando regresé sola a mi casa, sin haber platicado más con él, sin que me pidiera mi teléfono ni en un papelito ni en ningún sitio y, para colmo, en un taxi porque le dije que no necesitaba que me regresara a mi casa, muchas gracias, tuve pesadillas donde aparecía mi amigo el Sensei cruzado de brazos como el genio del Maestro Limpio, haciéndome su diagnóstico habitual: "ay, Juana Inés, ¡lo masacraste!".

Ésa es una discusión que lleva atravesándosenos en el camino, al Sensei y a mí, un largo rato. No importa que, al menos en alguna parte de mi cabeza y mi corazoncito, esté convencida de que lo que yo quiero es una pareja que se ocupe de mí y me trate muy bien, existe otra parte —refundida en lo más recóndito de mi inconsciente— que, casi sin que me dé cuenta, casi de forma compulsiva, sale a relucir y me obliga a dejar en claro no sólo que no tengo el más mínimo respeto ni admiración por el tipo, sino que de hecho me tiene absolutamente sin cuidado si en ese momento se lo traga la Tierra y no lo vuelvo a ver en mi vida. Digamos que si estuviéramos en tiempos bíblicos, yo podría hacer muy bien el papel de mujer poseída por un mal demonio, siempre y cuando hace dos mil años hubiera quedado claro que los malos demonios, además del poder de provocar convulsiones, tienen también el de transformarte en una esnob insegura que se toma el trabajo de aleccionar a su interlocutor sobre la forma correcta de pronunciar el nombre de Vincent Cassel. Sí, es terrible: mi mal demonio me obliga

189

a, en palabras del Sensei, "masacrar" compulsivamente a los hombres que me gustan.

El soltero treintón: una primera taxonomía

A los hombres y mujeres de mi generación nos hicieron muchas bolas. Crecimos divididos: por un lado teníamos un discurso tradicional, que decía que nuestra vida adulta debía centrarse alrededor de la formación de una familia; si éramos mujeres, debíamos aprender a cuidar una casa y unos hijos (aunque sin evitarnos el paso por la universidad y la construcción de una vida profesional leve, que no nos distrajera demasiado de nuestros deberes domésticos), y, en el caso de los hombres, lo que correspondía era encontrar un buen trabajo donde poder crecer y aspirar a puestos cada vez más importantes y mejor remunerados y una novia conveniente que ayudara a consolidar la parte de la familia nuclear y los hijos. Frente a ese discurso, muy clasemediero y burgués, estaba el otro, el que surgió después de las guerras y, más específicamente, en los años sesenta, gobernado por el caos y más afín a la realidad mexicana, de que la vida adulta era mucho menos clara y regular que lo que nos habían contado y que las parejas, aunque hubieran llegado al matrimonio con muy buenas intenciones, podían en un momento dado disolverse y dar lugar a nuevas organizaciones familiares, que involucraran tres hijos criados por los abuelos y sostenidos por la mamá, y un papá que aparecía cada cumpleaños y Navidad, o al cual le surgían nuevas familias en cuanto uno de los hijos, menos prudente que sus hermanos, decidía rascarle un poco a tanto secreto y tanta ocupación misteriosa. A pesar de que vivíamos en medio de esas dos realidades, si algo se aclaró fue el papel de la mujer: a su lugar de madre que cuida pacientemente de sus hijos, tuvo que sumarle, en muchos casos, el de adulto proveedor y jefe de familia. Las mujeres poderosas y autosuficientes no son, pues, algo ajeno a la realidad mexicana y desde muy pequeños los individuos de mi generación tuvimos que acostumbrarnos a ello.

Las cosas, sin embargo, ya no son tan así. Según mi experiencia, los hombres que después de los treinta tienen perfectamente claro que su objetivo en la vida es formar una familia nuclear con una mujer bien portadita que les tenga todos los días una sopita de verduras y una carnita asada como la que les hacía su mamá son los menos; quienes realmente sabían que querían eso, lo sabían desde la temprana adolescencia y lo consiguieron a los veintipocos, porque esas parejas tradicionalmente se consolidan y se casan muy pronto. En lugar de eso, lo que he visto es que los treintones solteros se dividen en dos clases: aquéllos que no tienen la más remota idea de lo que quieren, por un lado, y los que saben que quieren una relación más o menos equitativa pero por diferentes motivos no han encontrado la mujer correcta con la cual establecerla.

Quienes no tienen idea son un desastre. Es más, si las treintonas fuéramos ligeramente solidarias, hace ya un rato que hubiéramos tenido que armar una base de datos con sus nombres, fotos y generales, disponible a todas las mujeres que quisieran consultarla. Son esos hombres que viven en el continuo "hoy sí, pero mañana igual y siempre no", que están claramente dañados por asuntos de su pasado (los abandonó la madre, la maestra de kínder no los dejaba jugar con las

191

masitas, su papá nunca les regaló un triciclo, una novia amenazó con meterlos al tambo, la lista es larga y altamente miscelánea) que no han resuelto y que, por más que tú sepas que tienen arreglo, si ellos no están dispuestos a buscarlo y a hacer algo por componer su manera tan cucha de relacionarse con las mujeres, más te vale correr a toda velocidad en la dirección contraria y jamás, por ningún motivo, pensar que basta que tú cambies un poco para que su conducta se ajuste y se conviertan en la pareja ideal. No importa a cuántos exorcismos te sometas, jamás vas a ser la mujer que ellos necesitan, porque lo que necesitan es invertir una buena cantidad de tiempo y dinero en el consultorio de un terapeuta.

Ahora, tampoco es que quienes sí quieren (o eso dicen y sus acciones más o menos los respaldan) sean unas maravillas. Si algo he aprendido en estos últimos tiempos es que no hay soltero accidental; aquí no pasa como en tu refri, que por más que creas que todo lo que hay adentro está echado a perder si le rascas tantito puedes encontrar un pedazo de queso que no esté mohoso y que puedas comer de cena; no hay partidazos sin mayores conflictos que se quedaron solteros porque les pusieron enfrente dos cajas de cerveza Nochebuena. Puede que sí seas (seamos) un partidazo, pero algo habrá escondido por ahí que hace que por más dispuesto que te digas que estás la cosa nomás no avance; es cosa de mirarse a uno mismo con un poquito de autocrítica y a través de los ojos de los demás y casi de inmediato empezarán a aflorar las causas probables de nuestra soltería. Vamos, que todos nos hemos ganado la falta de pareja a pulso, nomás que algunos estamos dispuestos a enmendar nuestras fallas y dejar de torturar parejas potenciales y otros no. Y, seguramente, entre los primeros habrá quien no tenga el más mínimo problema en liarse con una mujer que sabe lo que quiere y se vale por sí misma, siempre y cuando ella también esté dispuesta a hacerle un espacio y poner de su parte.

No eres perfecta: acéptalo y relájate

Lo de poner de nuestra parte es importante. E implica varias etapas: de entrada, es necesario reconocer que, aunque a veces nos invada un extraño convencimiento de que somos perfectas y no tenemos que cambiar nada de nuestras personas, no es así. Venturosamente, no somos perfectas y tenemos todavía lo que en lenguaje muy empresarial y muy higiénico podríamos llamar "oportunidades de crecimiento"; que es lo mismo que decir somos unos encantadores costalitos de neurosis y que todavía, de vez en cuando, se nos van las cabras durísimo y se hace necesario irlas a pepenar a terrenos francamente insospechados. Suena complicado, porque estamos acostumbradas a no tener misericordia con nosotras mismas (si no, qué demonios hacemos corriendo cual hámsters en Ritalin sobre la caminadora un miércoles a las ocho de la noche, cuando podríamos estar tiradas en un sillón viendo la tele y rellenándonos de carbohidratos), pero la verdad es que tenemos millones de carencias y defectos y eso es lo que nos vuelve humanas y no robots como salidos de los Supersónicos. Digamos que tus fallas —esa parte del cuerpo que se resiste a dietas, masajes y cremas, tu necesidad compulsiva de salirte con la tuya o tu nula capacidad de razonamiento matemático—, lejos de volverte indeseable, te hacen más accesible, por lo tanto, más propensa a que alguien se atreva a acercarse a ti. O sea, que ya puedes quitar "ser perfecta" de tu lista de pendientes y dejarte por la paz; está muy bien que reconozcamos y abracemos cariñosamente nuestros problemitas, no sólo porque eso nos ayudará a querernos más y a darnos chance de vez en cuando, sino a darle chance a alguien más. Si aceptas que tienes carencias y defectos, te será más fácil entender que el otro los tenga y decidir en dónde pones tu límite, con qué sí estás dispuesta a lidiar y con qué no.

Esto de aceptarse —y, como valor agregado, aceptar al otro— como un ser lleno de defectos tiene su importancia. No sé bien si a alguien más le pasa —me imagino que sí, porque está bien que estoy un tantito trastornada, pero no al grado de tener mi propia y exclusiva patología—, pero yo tengo lo que llamo el "síndrome de juez ruso": como si mi vida fuera un *reality show* interminable, todo el tiempo estoy pensando que hay alguien pendientísimo de mis más nimias acciones y que no sólo pone atención, sino que juzga y, como en las competencias de clavados, está listo todo el tiempo para sacar una tarjetita con un número y evaluar todo lo que hago en la vida. No se trata de tirarme al diván y empezar a contar historias de infancia (eso ameritaría otro libro y un acuerdo de regalías mucho, pero mucho más jugoso), pero baste decir que yo, como muchas mujeres de mi edad, crecí con la conciencia de que, puesto que tenía un gran potencial, se esperaba mucho de mí. Lo cual está muy bien (sería horrible sentir que los adultos a tu alrededor no tienen mayores expectativas sobre tu persona), pero tiene un terrible efecto secundario: pienso que todas y cada una de mis acciones tienen consecuencias y, no sólo eso, tienen la capacidad de provocar enormes desilusiones o enormes alegrías en los seres a mi alrededor.

Con esa perspectiva tan liviana (tan mesiánica, ya que andamos con el tema bíblico), el asunto de encontrar pareja no se pone fácil. Estás acostumbrada a exigirte tanto, a hacer espacios en tu agenda para el trabajo, el ejercicio, tus amigos, una alimentación balanceada, tu familia, clases o conferencias de algo y hasta un par de capítulos diarios de *Law and Order* (*I heart you*, Vincent D'Onofrio), que no entiendes que haya quien pueda vivir de otra forma y no estás dispuesta a perdonarle que falle en una sola de las áreas de su vida. Simplemente, te da terror pensar qué opinaría el juez ruso y sus tarjetitas de que le entregues tu corazoncito, cuerpo y mente a un tipo que, según unos estándares que te fijó quién sabe quién, quién sabe cuándo, no es suficientemente bueno para ti; así que corres dos peligros: o te dedicas a masacrar hombres que según tú tienen un defectito y no merecen tu atención —y luego chillas porque, oh, gran misterio, nadie te busca más que para proyectos de trabajo, porque ya dejaste bien a las claras que no hay en este mundo quien cumpla con tus expectativas sentimentales— u, horror de horrores, te encuentras con un hombre que sí reúne las características correctas —guapo, inteligente, de buena familia, con futuro prometedor, rico, o como sea que te hayan dicho que tenía que ser— y lo conviertes en la encarnación misma del juez ruso, con el consiguiente terror de que te juzgue todo el tiempo y te repruebe sin parar. Si te pones así las cosas, te condenas a que uno de los dos no sea nunca suficientemente bueno para el otro y, la verdad, a mí cualquiera de las dos posibilidades me suena pavorosa.

El secreto, por supuesto, está en deshacerse del juez ruso. En hacer de lado la idea de que tú tienes la obligación de ser perfecta —además con un concepto de perfección que tú no elegiste y que, en una de ésas, ni siquiera tiene que ver con tus propias metas e ilusiones— y, en consecuencia, quien elijas como pareja tiene que serlo también, so pena de quitarte tu trofeo de perfección y dejarte en calidad de una mera fracasada. A menos que te quites estas telarañas de la cabeza, vivirás en un eterno empeño por quedar bien con todo el mundo y sentir que continuamente te están poniendo a prueba, y corres franco peligro de reprobar. A mí esto me quedó claro el día en que mi amigo el Gaucho, a quien prácticamente acababa de conocer, me preguntó por qué todo el tiempo me esforzaba por hacerle ver al mundo que yo era brillante. "Es que *eres* brillante", me dijo, "no tienes que demostrarlo; ya relájate." No me dio suficiente tiempo —ni era el momento, tampoco— de explicarle mi asunto con el juez ruso, pero ni falta que hacía. Eso sólo me importa a mí y, a estas alturas de mi vida, ya no tiene sentido. Justificar mis acciones presentes por medio de eventos o dinámicas que sucedieron hace treinta o veinte años equivale a negar décadas de construcción de mi personalidad y montones de esfuerzos por reemplazar los discursos que aprendí y no me funcionan por otros que me acomodan y que se ajustan a quien yo soy realmente, no a esa idea de mí misma que un día me contaron y yo me creí. Si el Gaucho, que no tenía más idea de mi historia ni de mis traumas de la secundaria que lo que yo le hubiera podido contar, me percibía como una mujer brillante, más me valía creerle, envainar la espada y dejar de lado mi necesidad de masacrar a los hombres antes de que ellos me masacraran a mí. Desde entonces, no es que el juez ruso se haya silenciado del todo, pero por lo menos ya soy más consciente de su presencia y, a veces, hasta soy capaz de amordazarlo y mandar sus tarjetitas a la alberca.

Porcelana en el *trailer park*

Tampoco se trata de que vayas por la vida haciéndote menos; que te esfuerces por, en lugar de hacerlo quedar mal, hacerlo quedar mejor a fuerza de negar o esconder tus propios talentos. Vamos, está bien que todas, sobre todo en los albores de una relación, nos hemos sentido obligadas en algún momento a abrir los ojos grandes, grandes, como en caricatura japonesa y decir "¿de veraaaaas? Ay, qué listo eres", cuando el tipo dice algo que ya sabíamos o que, en todo caso, no denota un IQ particularmente alto, porque sabemos que todo el mundo necesita de refuerzo positivo, de la misma manera, me imagino, en que ellos sistemáticamente —en un ejercicio rampante del instinto de conservación— dicen que toda la ropa se te ve increíble y que eres preciosa aunque estés hinchada, no hayas dormido y tu pelo haya decidido cobrarse todas las que le debes, pero todo tiene un límite. Tan malo es, creo, tener que demostrarle a todo el mundo todo el tiempo que eres perfecta y maravillosa como saber que lo eres y esconderlo, vaya a ser que el tipo se deslumbre y decida huir. Francamente, si le da susto andar contigo porque siente que eres mucho para él, es muy probable que sí, seas mucho para él y lo mejor que pueda pasarte sea precisamente que decida huir; es más, si sospechas que tus capacidades le dan susto y no sabe bien a bien qué hacer contigo, déjale la puerta bien abierta para que no se vaya a detener ni un instante.

Si bien hay momentos en los cuales una relación no funciona y puedes, con un poco de ojo crítico, identificar tu responsabilidad en el asunto, hay otros en los cuales la responsabilidad cae casi completamente de su lado. En otras palabras, que por más que el interfecto te parezca un gran partido y pienses que con tantito que te apliques puedes lograr convencerlo o ajustarlo a tus estándares, si él no funciona para una mujer como tú, no hay manera de corregirlo. A fuerza, ni los zapatos, pues, como dicen en mi casa, y hay momentos en los cuales la frase "no soy yo, eres tú" viene que ni pintada; si ya lo intentaste todo, si fuiste comprensiva, no lo masacraste ni una vez, le tuviste paciencia y hasta lograste tener a raya a tus demonios y aquello nomás no, tienes que aprender a leer las señales y saber cuándo dar el asunto por perdido y dirigir tus encantos hacia otros derroteros. Porque, puesto de otra manera, quién eres tú para andarle haciendo favorcitos a nadie: si ya sabes que lo tuyo no funciona porque tus diferencias son irreconciliables y en el fondo de tu alma sabes que estarías mejor con otro tipo de persona —alguien cuyos intereses y circunstancias fueran más afines o similares a los tuyos— y él probablemente también, quedarse ahí porque total, tú puedes hacerte la mensa y mantenerlo contento no es justo ni contigo ni con él. No quieres terminar formando parte de una de esas parejas en las cuales uno siempre mira al otro con un gesto entre de angustia y condescendencia y después de cada comentario que hace uno, el otro se siente en la necesidad de decir algo como "bueno, es que a Pancracio no le gusta tanto el cine iraní. Lo suyo son más las películas tipo *Rápido y furioso*, ¿verdad, mi vida?", rápido y furioso se tendría que largar Pancracio de esa relación si tuviera dos dedos de frente, e igualmente tendrías que salir corriendo tú si te encontraras en una situación similar; está muy bien que lo tuyo sea hacer obras de caridad, pero es muy probable que acumules mejor karma si te vuelves voluntaria de las de la Madre Teresa que si te la pasas haciéndole "favorcitos" a un tipo que probablemente ni te los pidió, ni los quiere para nada.

Una, para qué nos hacemos, no es fácil. Otros adjetivos habrá que puedas utilizar para describirte —simpática, guapa, lista y, desde luego, modesta, por mencionar sólo adjetivos positivos porque qué necesidad hay de pensar en los negativos—, pero facilita, lo que se dice facilita y accesible, no eres. Si ya de por sí tenías lo tuyo a los veintitantos, cuando querías comerte el mundo a puños y sentías que nadie te merecía, ahora que eres una treintona y te sientes mucho más segura de quien eres y lo que estás haciendo, la cosa se ha puesto aún más peliaguda. Digamos que si fueras queso, en el súper no te exhibirían junto al Oaxaca plasticoso, porque mal que bien te has esmerado por cultivarte y por convertirte en un ser humano complejo y no tan sencillo de abordar, pa' qué más que la verdad. El problema es que en este mundo son más quienes prefieren el queso Oaxaca plasticoso para hacerse unas quesadillas frente a la tele, que quienes al final del día prefieren probar suerte con un Roquefort de sabor fuerte y apariencia dudosona (no que la apariencia de una lo sea, pero por ahí va la metáfora); como el huitlacoche y el vodka en las rocas, somos gustos adquiridos y nos va a ser más difícil y laborioso que a otras mujeres menos ambiciosas encontrar a alguien que pueda superar ese primer desconcierto ("jíjoles, ¿y esto cómo se come?") y aventarse el tiro de llegar a conocernos. Un día en que yo estaba desconsolada porque un muchacho que me gustaba había ido a una de mis fiestas y, en lugar de, como le correspondía, tirarme el tráiler y consolidar lo nuestro, salió con el teléfono de una amiga mía, el Sensei, una vez más, salió al quite y me hizo ver que si teniéndonos enfrente a mi amiga (que, además, era casada) y a mí, había elegido a mi amiga, lo que correspondía era enviarle unas flores a mi amiga dándole las gracias, porque claramente ese hombre no me convenía, no le gustaban las mujeres como yo y lo nuestro no iba a funcionar nunca. Es difícil y en ciertos momentos da mucho coraje, pero más vale hacerse a la idea de que una es un producto difícil de vender y, por ponerlo en términos mercadológicos, con un nicho de mercado muy chiquito.

Pero no podías ser menos. Así quisiste ser y así decidiste que ibas a ser desde muy pronto en tu vida. Una vez más, si entre tus planes —o tus posibilidades— hubiera estado ser una mujercita convencional y casarte a los veintitrés años con un hombre que le diera sentido a tu vida y funcionara como tu proveedor y el encargado de guiar a tu familia, entonces hubieras hecho exactamente eso (y no estarías leyendo un libro para treintonas solteras). Pero no te tortures: ya no lo hiciste, en lugar de eso elegiste construirte por tu cuenta, volverte una mujer independiente y básicamente hacer de tu vida lo que te diera la gana, ¿no? Bueno, pues eso tiene un precio, ni modo, y parte de ese precio implica que, en lugar de que, como dice mi amiga la Gringa, que está muy loca, pero tiene ciertos destellos de sensatez francamente fulgurantes, "andes ofreciendo porcelana en el *trailer park*", en lugar de andarte tratando de sentir a gusto con muchachos que no son lo que tú quieres y a quienes sientes que les estás haciendo el favor, te guardes mejor tus ímpetus humanitarios, te armes de paciencia y te pasees únicamente por los pasillos gourmet. Alguien aparecerá por ahí a quien le interese una mujer complicadona, sí, pero tampoco imposible; alguien habrá que no se sienta masacrado ni avasallado por lo que tú eres, y a quien no te interese ni masacrar ni avasallar, sino conocer mejor y compartirle tus defectos. Ni se te ocurra conformarte con menos, porque probablemente se trate de alguien mucho más libre, mucho más interesante a tus ojos y mucho mejor pareja que cualquier otra persona a quien le estés ocultando quién eres y lo que quieres en realidad.

13

¿No será que es momento de un nuevo discurso (o, de perdis, de una nueva *playlist*)?

Donde la treintona decide salirse de un par de clósets

Tratar de entender dónde aprendimos a actuar de la manera en que lo hacemos, de dónde sacamos que no merecíamos que nadie nos quisiera, o que merecíamos que nos quisieran pero poquito o sólo por un rato, es complicadísimo. No sólo hemos tenido la dicha de estar sometidas, desde la infancia, a mensajes y discursos de nuestros padres y nuestras familias —el consabido "ay, mi reina, tampoco es que tú, con ese carácter, te puedas poner muy exigente, ¿eh?" o un siempre popular "qué bueno que te esté funcionando esa dieta, corazón; mi amiga la hizo y rebotó horrible"—, sino también a los de los medios masivos de comunicación y a todos los que la sociedad ha querido instilarnos en el cerebro y el corazón. No importa que no nos hayamos dado cuenta o que hayamos fingido ignorarlos: los discursos y los lineamientos sociales se han ido colando en nuestra mente y nuestro inconsciente durante toda la vida.

A mí, supongo que porque me dedico a las palabras, me sorprende lo mucho que me influyen las canciones. Tengo que confesar que pocas cosas en la vida me dan más vergüenza que el contenido de mi iPod; si algo tengo que agradecerle al advenimiento de los reproductores de mp3 es que ya no tengo que angustiarme porque mis amigos vayan a mi casa y fisgoneen mi colección de discos, repleta de cumbias, pop en español verdaderamente abyecto y lamentable (Mercurio, no estoy hablando de ustedes, para nada, y Fey, me importa un pepino lo que diga el mundo: tú eres la única y verdadera reina del pop), algunos discos de pop bailable (*Hello,* N'Sync!) y compilaciones tan vergonzosas como *Classical Music for Exam Study* o *111 Baroque Masterpieces.* No voy a negar que de vez en cuando me dejo influir —o cedo violentamente a la presión de mis pares, que también sucede— y me animo a probar música nueva y a veces hasta me gusta; ahora mismo, estoy pasando por una fase de enamoramiento con José Alfredo Jiménez que me tiene con antojo de tequila y la certeza de que todas las mujeres somos maravillosas hasta que, por causas rarísimas, nos volvemos una cosita espantosa. Pero en el fondo de mi alma está depositada la certeza de que este nuevo gusto musical no es más que un romance pasajero; dentro de muy poco, es seguro que volveré a mis costumbres asentadas en la alta infancia y la adolescencia y no habrá novedades que valgan, puro éxito de los ochenta y noventa. Si acaso, lo único que se puede rescatar de la mengambrea infame con la cual regalo sistemáticamente mis oídos y mi espíritu es su consistencia: tengo años y años de mantenerme fiel a mis gustos y mis canciones de cabecera.

Sin embargo, tanta consistencia en las canciones que me gustan y que me "llegan" ya me está pareciendo un tanto sospechosa. Cualquiera pensaría que a estas alturas ya evolucioné y ya no tendría que sentirme aludida cuando escucho tal o cual verso y no tendría, por lo tanto, que gritarlo a pleno pulmón a manera de terapia catártica (o susurrarlo mientras le trepo a la velocidad de la caminadora, si tampoco es cosa de enseñar el cobre frente a todo el gimnasio). Cualquiera diría, vamos, que a estas alturas de mi vida y de mi desarrollo emocional, ya no tendría que estar tan apegada a las canciones porque ya no estaría apegada a las emociones que éstas evocan y despiertan en mi espíritu. Cualquiera diría, pues, que ya tendría que ser momento de que yo cambiara de *playlist*; mal que bien, las canciones pueden terminar haciendo las veces de mantras que una se repite todo el día, y una rápida revisión de las canciones —y los versos— que más me llegan y más me gustan me ha hecho ver que, en mi caso, repetir estos mantras en específico no me va a llevar a nada bueno.

"¿Por qué, en este juego, a mí siempre me toca perder?"

Por supuesto, esta frase tiene que cantarse lanzando los brazos al cielo y poniendo cara de incomprensión absoluta. Claro: Los Fabulosos Cadillacs dieron exactamente en el clavo; el amor es, ni más ni menos, como uno de esos juegos que abrías en la mañana de Navidad y resultaba que no sólo venían sin pilas (cosa que tus papás ya tendrían que haber sabido y tendrían que haber previsto, francamente), sino que, de toda la juguetería, el único que venía sin manual de instrucciones era el tuyo y, por lo tanto, estabas condenado a una vida entera de perder

205

una vez tras otra, simplemente porque no tenías manera de enterarte de que para ganar bastaba con sacar puros números pares diez veces seguidas en los dados, o algo así, igualmente sencillo y misterioso. El amor, pues, era un juego y todos los demás conocían las instrucciones y los truquitos, menos una y, por lo tanto, siempre terminabas perdiendo y, de pasada, haciendo el ridículo más espantoso. No importaba que esta vez hubieras decidido ya no fijarte en tus compañeritos de la escuela, siempre tan desconfiables y de costumbres tan poco ortodoxas, y a cambio decidieras enfocar tus energías en ese primo de tu amiga que conociste en los ensayos de su fiesta de quinceaños, cuando ibas de pegoste porque te parecía muy divertido recorrer la ciudad con ellos en el Spirit rojo de la mamá de tu amiga, cantando esa otra rola tan profunda y llena de verdades que era "Me vale", de Maná (si de veras que es milagroso que no hayamos salido peor, no me digan que no). Con todo, el primo no resultó mejor que tus compañeros; muy por el contrario, no sólo te aplicó la que te aplicaban todos —de sí medio que me lates, pero no estoy seguro—, sino que a éste, que para colmo vivía en Puebla, ni siquiera tenías la posibilidad de acosarlo en los recreos o en la clase de Deportes, como sí podías hacer con tus compañeritos. A final de cuentas, de los ensayos y de sesiones interminables de tests de la revista *Eres* y planes complicadísimos elucubrados en complicidad con tu amiga (con todo y que ella insistía en que su primito nomás no era buen partido y, que ella se acordara, le conocía cinco novias nomás en su estado de origen), lo único que te quedaba era el consuelo de que no estabas sola en tu agonía, sino que tenías contigo la solidaridad de Vicentico y el resto de Los Fabulosos. Y, por supuesto, de esa amiga que, en ese antro que en ese entonces estaba tan de moda, bailó contigo fin de semana tras fin de semana durante muchos sábados y coreó a tu lado esta frase y la otra que dice "ya ves, estoy solo otra vez". Estabas convencida —junto con varios millones de personas, me imagino— de que esa canción, y ese par de frases, estaban escritas sólo para ti.

Lo cual estaba muy bien y era muy conveniente para ese momento en que pensábamos que el mundo era un lugar lóbrego y triste, desprovisto de amor para una muchachita que no era muy capaz de ver más allá de sus narices y tenía la madurez mental y emocional de una goma de borrar de Hello Kitty. El problema se hace evidente cuando, casi dos décadas después, después de años de experiencia y teóricamente en otra etapa de nuestras vidas y nuestra madurez emocional, la seguimos escuchando y seguimos sintiendo que nos "queda". Que el amor, en efecto, es un juego en el cual a nosotras siempre nos toca perder. Y, curiosamente, la cantamos en circunstancias muy similares a aquéllas de hace casi dos décadas (eso sí, menos el Spirit rojo y el caset de Maná, porque, aunque en algunas cosas nos hayamos quedado estancadas, en otras hemos evolucionado montones), justamente, al cumplir dos semanas de que aquel tipo que tanto nos gustaba y que nos parecía un partidazo desapareció sin dejar rastro, después de asegurarnos que le latíamos muchísimo. Según nosotras, lo estábamos haciendo todo bien y estábamos tomando las decisiones correctas como para seguir obteniendo los mismos resultados (seguir solas y sin novio). Para colmo, cantamos como antes, sí, pero ahora con mucho más sentimiento, porque mal que bien ya se nos andan acumulando años y años de la misma historia. Por supuesto, mucho mejor que detenerse un segundo y reflexionar sobre el carácter tramposo de este tren de pensamiento y sus evidentes fallas, resulta mucho más interesante y atractivo azotarse, subirle al volumen y quejarse porque, claro, alguien nos está jugando chueco en un nivel cósmico y trascendental. Mucho mejor que tomar responsabilidad de los acontecimientos y nuestros actos, es pensar que hay algo, algo independiente de nosotros y que está completamente fuera de nuestro alcance, que provoca que las cosas no salgan como queremos.

Digamos que no nos da la agudeza mental para reconocer que, así como seguimos cantando a Los Fabulosos y bailándolos igual (cuando la escoliosis y las rodillas lo permiten, que ya no somos unas criaturas), seguimos actuando de la misma manera y esperando resultados distintos. Está bien que ya te hayas alejado de tus compañeritos de la escuela y hasta del primo poblano (que, la última vez que supiste, iba en el segundo hijo con la tercera esposa), pero algo haces, en algo muy específico te fijas, que sigues eligiendo exactamente el mismo tipo de tipo y llevando a cabo las mismas dinámicas de cuando Fher todavía no parecía una señora locochona metida a icono del rock nacional y, lo que es peor, sigues reaccionando con sorpresa y pensando que nada tiene que ver un fracaso con otro, si se trata de personas y situaciones completamente distintas. A mí me tomó mucho tiempo descubrirlo (de hecho, apenas estoy en la penosa tarea de desmenuzar todos los elementos del asunto para localizar exactamente dónde es que empiezo a regar el tepache tan fuertemente), pero ahora veo que llevo años sacando mis pretensos del mismo molde, comportándome de la misma forma y encima esperando resultados que, evidentemente, no se van a dar; que es lo mismo que soltar un vaso y luego sorprenderse porque se cae al piso y se rompe, así de sensato y así de justo conmigo misma.

"Y, sabiendo que no era buena, le di mi vida sin condición"

Acepto que esta canción, llamada "Despacito", para más señas, no es de mis épocas juveniles, ni mucho menos; apareció en mi vida muy recientemente, gracias a mi ya mencionada etapa de furor por todo lo que produjo José Alfredo Jiménez (bueno, casi todo). Y, sin embargo, cuando la escuché –y, más específicamente, cuando escuché esa frase– por primera vez pensé que resumía en buena medida mis actitudes. José Alfredo, puesto que no era una treintona que había ido a terapia desde los dieciocho o, mínimo, se había aventado varias temporadas de *Sex and the City* y una considerable dosis de comedias románticas o, ya de súper perdis, interminables conversaciones con sus amigas –incluida la que estudia para *life coach* y por lo tanto se siente en la necesidad de hacer veintisiete preguntas aunque sólo le estés recomendando una tintorería–, no se toma el trabajo de explicar mayormente su motivación para actuar así o, exactamente, a qué se refiere cuando dice eso de que la muchacha a la cual le dio su vida no era buena, pero una, que ya está muy entrenada en esto de analizar hasta la náusea y la precisión quirúrgica sus avatares con el sexo opuesto, lo tiene clarísimo. Por supuesto que desde la primera interacción con un sujeto puedes "saber que no es bueno" (o no lo es para ti, al menos) y darte cuenta, si quieres, de cómo va a estar el asunto si es que te da por desoír a la experiencia

209

y emperrarte en perseguirlo, y por supuesto que si dejaras de tirarte a la tragedia y al helado de chocochip por un segundo, serías capaz de ver que desde que te confesó que cuando se sentía muy reventado y desmadroso le daba por oír óperas de Verdi ya te estaba notificando que tú y él no harían una buena pareja y, no obstante, por razones que más te vale averiguar tan pronto como sea posible, a pesar de todas las advertencias y las alarmas que surgieron en tu cabeza tú decidiste que todo eso o no era cierto o no ameritaba inventarte una apendicitis inminente y salir huyendo por piernas y, cual nuestro egregio compositor, le diste tu vida sin condición.

Y, claro, si lo de "sabiendo que no era buena" tiene lo suyo, la parte de "le di mi vida sin condición" tampoco vende piñas, como dicen en mi barrio (que es lo mismo que decir que queda tantito peor). Estamos muy acostumbrados a encontrarnos con esta fórmula arrebatada y tremenda a cada rato, en cuanta canción fresa y cursi se nos atraviesa y, sin embargo, eso no le quita lo tremendo. Así, en teoría, suena muy bien y muy romántico eso de estar tan enloquecido de amor y hormonas por otro ser humano que somos capaces de, en pleno frenesí, otorgarle poder absoluto sobre nuestra vida, nuestra muerte y nuestro bienestar a otro ser humano —y quien diga que no, que piense tantito en esos días en que nos tocó el trayecto embotellado, llegamos tarde, nos regañó por el teléfono el contador nomás porque llevamos diez años sin recoger constancias de retenciones, descubrimos que la leche estaba agria a la tercera cucharada y por nada y nos llevamos las cejas con un bóiler temperamental, y, con todo y todo, no se nos fue la sonrisa ni un instante, gracias a que en los momentos cruciales recibimos noticias de un cierto alguien muy significativo—, pero en la vida real, en esa cosa que queda cuando se nos quita de los ojos el velo de las hormonas y que, en comparación, se antoja tan triste y soso, las cosas no pueden ser así. Está bien jugarle un ratito al arrebato, pero en algún punto uno tiene que reclamar su vida para sí y repetir aquella frase de la campaña publicitaria de El Palacio de Hierro que a mí me parece un hallazgo: "te daría mi vida, pero la estoy usando". Si le damos la vida, y el poder de hacernos felices, a alguien más, así sea el príncipe de Inglaterra, nos vamos a quedar de a tiro muy pobrecitos.

Una vez más, el secreto está en no perder de vista nunca que con los entusiasmos se nos nubla el entendimiento, nos sale el ímpetu de conservar la especie y olvidarnos de todo y somos capaces de renegar hasta de nuestros principios más fundamentales, lanzarnos al Tenampa y dejarnos llevar por el ardor y el desenfreno. Está muy bien y es muy disfrutable que en los albores del enamoramiento estemos convencidos de que no hay felicidad ni solaz posible lejos del objeto de nuestro deseo, pero de ahí a que lo asumamos como una verdad incontrovertible, hay un trecho muy, muy grande, y el riesgo de ignorarlo es muy grande. Los entusiasmos se acaban y se convierten en otra cosa, y es lo normal (de otra manera, no habría quien lograra escribir una tesis o terminar ningún tipo de proyecto). Y, por encima de todo, hay que tener presente que el verdadero amor implica gozo y alegría, no dramas sin término: una cosa es que José Alfredo pueda haber construido verdaderas catedrales a base de desgracias amorosas y lamentos de ardido y otra muy distinta que una las adopte como termómetro de una relación deseable o como las reglas de interacción con el sexo opuesto; en caso de duda, más vale tratar al amor como a las ronchas: si arde, lastima, incomoda o avergüenza, probablemente es maligno y más vale revisarlo y, de ser necesario, extirparlo —o extirparse. Y, desde luego, no andarle dando la vida a nadie.

"Mamma Mia! Here I go again!"

Para quien no se la sepa, básicamente lo que dice "Mamma Mia!", la canción de ese fantástico producto de la frivolidad sueca que fue ABBA, es "ni pa' qué le hago la lucha; ya sé que no me convienes, pero, la neta, me encantas". El primer verso dice "me has hecho fregaderas ya no sé ni desde cuándo", y uno esperaría que el resto fuera una explicación muy lógica —muy escandinava, como corresponde— de por qué, entonces, yo ya no quiero nada contigo y ya borré tu teléfono de mi libreta de direcciones (eran los setenta, eso todavía se usaba) y a ver si me haces el favor de no volver a entrometerte en mi vida nunca más, gracias. Eso sería lo lógico, ¿no? Pues no. En lugar de eso, lo que dice la muchacha que canta (que en uno de los videos que están en You Tube aparece con un traje de satín azul como del Buki en sus peores momentos y una cara como de que acaba de donar tres litros de sangre, no se lo pierdan), es me hiciste muchas cosas muy feas, y yo dije que ya nunca más y ora mírame nomás, parece que no voy a aprender nunca, porque tú te vas, y luego regresas y yo ahí de mensa que me sigo emocionando y sigo escuchando campanitas nomás me ves y nomás me ves y se me olvida todo y madre santa, a'i voy de nuevo. Y, claro, todo escudado por el incontrovertible argumento de "es que lo nuestro es poderosísimo y no soy suficientemente fuerte como para resistirlo" o, como diría una amiga, "¿qué puedo hacer, si soy mujer y sé querer?". Más allá de que la melodía es pegajosísima y una prueba fehaciente de que el pop nunca cesará de darnos alegrías, la letra de la canción constituye un himno perfecto a la codependencia y a las relaciones destructivas disfrazado de frenesí romántico.

A ver, por supuesto que los malos, los rebeldes sin causa, los tipos que todo el mundo y su vecino saben que no son buenos partidos y andan por la vida echando tipo y dándoselas de rudos tienen su enorme encanto. Si no por nada James Dean despertaba las pasiones que despertaba, o las ñoñas enloquecíamos con Heathcliff, el atormentado héroe de la novela *Cumbres borrascosas* (aunque eso de que su tormentoso mundo interno lo llevara a darse cabezazos contra los árboles y las paredes le quitaba un poco de encanto, la verdad) o, ya más para acá, con el entrañable Heath Ledger de *Diez cosas que odio de ti* o el guapísimo Tim Riggins (interpretado por Taylor Kitsch) de *Friday Night Lights* o cualquiera de esos personajes aparentemente malos, pero con una historia trágica y un corazón de oro, que los guionistas y los productores ya saben que nos encantan y alimentan buena parte de nuestras fantasías. Si sí nos pegan, pa' qué más que la verdad. Tengo para mí que enamorarse perdidamente del malo y vivir una relación tipo yo-yo en la cual vas y vienes y un ratito ya no andas pero luego mejor sí y luego a'i andas poniéndole cara a tus amigas porque otra vez el tipo te la aplicó y sufres peor que heroína de telenovela y además te mueres de vergüenza es una especie de ritual de paso por el que todas las mujeres tenemos que pasar tarde o temprano (mejor temprano, yo digo) y disfrutarlo enormemente, porque tiene su parte disfrutable.

El truco está en no quedarse ahí y pensar que si un muchacho te trata bien y es decente es que no vale la pena, porque a ti lo que te gusta son los rudos que te retan a que descubras la naturaleza buena y dócil que se esconde detrás de su desprecio por las convenciones sociales y su tendencia a desaparecer durante semanas sin explicación de por medio; el truco está, pues, en crecer un poco.

Porque si, a estas alturas, con todo lo que sabes y lo mucho que te has esforzado en convertirte en una mujer asertiva, libre y autosuficiente, sigues en la necia de que lo tuyo son los patanes, es que hay una parte que no has entendido bien. En una de ésas, lo que sucede es que no te has enterado de que puedes tener la leche sin necesidad de comprar la vaca o, para ponerlo en términos más elegantes, que tu terrible e invencible atracción se debe a un asunto puramente químico y, con las aclaraciones pertinentes, tal vez sea posible que tú y Mr. Dean región IV puedan ponerse de acuerdo, ponerse unos besos de atarantar de vez en cuando, y seguir sus vidas tranquilamente, sin necesidad de forzarse a convertir eso que es básicamente instintivo y medio animal, condenado a durar un rato y luego tranquilizarse, en una relación cerebral y civilizada, donde tú te la pases fatal y él probablemente también. Eso puede funcionar en algunos casos, cuando nomás es que ya te cansaste de tanto muchacho que saca tantos dieces y es tan bien portado y tienes ganas de, como diría el gran Lou Reed, darte un rol por el lado salvaje, pero luego ya nomás es adicción al drama y ganas de pasarla mal. Si sientes que más bien lo que te gusta es perseguir tipos que en realidad no quieren que los alcances, sea porque en realidad no tienes ganas de comprometerte con nadie, sea porque te gusta pensar que tú tienes el poder de convertirlos en los novios perfectos —cuando, en realidad, nadie lo tiene porque vienen medio defectuosos— o por la razón que quieras, mejor apaga el teléfono y siéntate a averiguar por qué lo haces.

Y eso, con las relaciones de pareja. Pero también es una gran canción para desgarrarse las vestiduras frente a una fuente de papas con Valentina y una cerveza cuando llevas una semana jurando que estás a dieta y comiendo nopales con queso panela porque dentro de un mes te vas a la playa y tus trajes de baño que se te veían tan monos en las vacaciones de Navidad ya para el verano te hacen ver como el muñeco Michelin, o cuando te doblegas frente a esa amiga tan pasiva-agresiva que siempre consigue hacerte sentir mal, fea y acomplejada. Ya sabes que no te conviene comerte las papas (sobre todo, no esa cantidad) y, mucho menos, salir con tu amiga, que no te hacen bien, que nomás te van a hacer sentir culpa, que una vez que se te pase el frenesí del antojo o de la presión, te vas a sentir mal y a disgusto contigo misma... lo mismito que te pasa después de que, gracias a un mensajito telefónico bastante sin chiste y enviado a destiempo, te lanzas a las calles en pos del bueno para nada que, lo sabes, va a terminar por dejarte plantada en algún momento. Sabes muy bien que si optas por Fulanito o por las papas estarás tomando una decisión poco sana y que te va a dejar de malas y organizándote un fantástico coctel de frustración y furia, aderezado con un leve toque de "pobrecita de mí". Y, a pesar de todo, sigues eligiendo lo que no te conviene, contándote el bonito cuento de "es más fuerte que yo" e instalándote en el horrendo papel de víctima, cuando, en realidad, eres víctima —maltratada, gorda, poco valiosa— sólo mientras tú lo decidas; el día en que tú decidas que así ya no quieres y optes por decisiones más sanas, te darás cuenta exactamente qué tan fuerte, atractiva y maravillosa eres. Y cuántas cosas fuertes, atractivas y maravillosas te mereces.

Una opción: salir del clóset al grito de "I Am what I Am"

No confundir, por favor, con la canción de los Jonas Brothers que tiene el mismo título, vámonos respetando; ésta es la del musical *La jaula de las locas* (a mí, que tengo una debilidad enfermiza por Broadway, me gusta la versión de George Hearn, pero también hay una de Gloria Gaynor, ambas en You Tube) y es perfecta para plantarse frente al mundo y frente a todos los fantasmas que trae una cargando y decir "así soy y, francamente, estoy bien padre". Es una canción sobre las propias decisiones y sobre la propia construcción −"soy lo que soy y eso que soy no tiene por qué pedir disculpas"− y a mí me ha sido utilísima como canción de batalla, para esos momentos en los que no estoy segura de lo que estoy haciendo o siento que a todos los demás les va bien menos a mí y que seguramente este viernes todas las treintonas del mundo tienen unos planes glamorosísimos mientras yo estoy sentada en la computadora comparando versiones de mis canciones favoritas; en esos momentos, todo es cosa de treparle al iPod y cantar esa parte de "no busco elogios, pero tampoco lástimas" o la de "yo reparto mis propias cartas, a veces los ases y otras los doses" para que, inmediatamente, todo empiece a cobrar sentido y me vaya cayendo poco a poco el veinte de que esto de volverse autónoma tiene sus precios, que vale la pena pagarlos y que las cosas buenas —en la vida de pareja, sí, pero también en lo profesional y en la vida en general— irán llegando siempre y cuando una esté lista y dispuesta para recibirlas.

Tal vez aquí tocaba escoger una canción más orientada al asunto de pareja y de relaciones sanas —tipo "Encontré el amor", de Kabah, también para pegarle a nuestra nostalgia— o algo más de llevársela leve y ponerse flojita —como "Girls Just Wanna Have Fun", de Cindy Lauper—, algo, pues, más acorde con las otras canciones que son tan de ardor y desamor. Pero, a decir verdad, yo ya casi me estoy convenciendo de que la mejor manera de enamorarse es enamorándose primero de una misma, aceptando primero no sólo que eres maravillosa, sino, más aún, entendiendo exactamente por qué lo eres, a pesar de las patrañas que te has contado, y te has dejado contar, toda la vida. Entiendo que es un poco raro andar cantando una canción sobre aceptar la propia homosexualidad si una es asumida e incontrovertiblemente heterosexual —de hecho, en algún momento el personaje que la canta en la obra dice "¿y qué más te da que ame cada pluma y cada lentejuela?"—, pero, si lo pensamos un poco, todos estamos metidos en algún tipo de clóset (nuestra personalidad, lo que nos dijeron que teníamos que ser, nuestro cuerpo); todos en cierta medida estamos jugando a ser algo que no somos y negando nuestras necesidades y nuestra verdadera identidad, y, a fin de cuentas, la decisión de salirnos de ese clóset de una vez por todas, de reconocer que estábamos ahí y que no queremos volver a entrar de ninguna manera depende sólo de nosotros. Como también dice la canción, la vida no vale nada hasta que no podemos gritar a los cuatro vientos "soy lo que soy" y, a partir de ahí, empezar a vivir más contentas, más ligeras y mucho más enamoradas.

14

Sí, pero en mis propios términos

Donde la treintona inteligente decide que ya estuvo bueno

Otro viernes en la noche y en pijamas. Otra vez el teléfono que no suena

Me gustaría decir que a estas alturas de mi proceso de iluminación y comprensión de mí misma y mi lugar en el mundo, mi vida entera es como el videoclip de *Carros de fuego*: mucho esfuerzo, grandes satisfacciones y, sobre todo, mucha playa y música de Vangelis. Después de dedicarle tanto tiempo a meditar sobre mis actos pasados y hacia dónde me han conducido, lo lógico sería afirmar que he sido capaz, por supuesto, de ubicar exactamente mis errores y de corregirlos, de manera tal que he conseguido situarme frente al mundo como una treintona absolutamente convencida de su propio poder y valía, segura de sí misma y que, por si fuera poco, ya no da ni un solo paso en falso ni se arrepiente de ninguna de sus acciones.

Es más, tendría que poder aprovechar esta oportunidad para anunciarle al mundo que soy vegana, que hago yoga todas las mañanas al salir el sol y que, si se me atraviesa un charco, no tengo ningún problema en caminarle por encima, porque ya hasta levito.

En lugar de eso, es viernes en la noche y yo estoy sentada frente a la computadora intentando trabajar, aunque realmente estoy perdiendo el tiempo entre *Fruits 'n' Fun* (un jueguito mensísimo protagonizado por plátanos, frambuesas y piñas que se impacientan y te golpean con el piecito cuando te tardas mucho entre jugada y jugada) y un episodio tras otro de *Law and Order*. Por la ventana de mi estudio se cuelan los sonidos de la ciudad dispuesta a ir de fiesta y yo misma tengo un ojo puesto en la pantalla de la computadora y otro en la del celular, por si acaso llega una llamada que, ya para estas horas, no estoy muy segura ni de que llegue, ni de que yo quiera que llegue, para ser muy francos. Es más, tengo tanta fe en el emisor de la hipotética llamada, que a las siete de la noche me puse la pijama, sin demasiadas esperanzas. Frente a este escenario, cualquiera diría no sólo que no han pasado el tiempo ni las cuartillas, sino que no he aprendido nada de este proceso.

No obstante, algo debe haberse movido en el interior de mi cabeza y mi alma, porque tampoco es que me esté quedando tan tranquila. Al menos, ya siento algo que empieza a agitarse dentro de mi persona, algo nuevo y que antes no existía. Si bien todavía siento que en ocasiones mi voluntad y mi cabeza viven poseídas por un demonio maligno que me hace sabotear mis posibilidades de pasarla bien y conocer a alguien que me guste y me trate decentemente (o que me llame cuando queda de hacerlo, ya de perdis), en alguna parte de mi cabeza y mi alma empieza a abrirse paso la noción de que no necesariamente tiene que ser así. Empiezo a entender que el asunto no depende de los hombres y sus conductas nefandas, ni de las cosas que nos enseñaron de chiquitas, ni siquiera de las Barbies y sus discursos que exaltaban la belleza física y dejaban de lado la capacidad intelectual, sino de mí misma y de la enorme cantidad de trampas que me pongo al momento de presentarme frente al mundo. En contraposición a la idea de que algo debo tener defectuoso que siempre termino en pijamas y sin nadie con quien jugar, una nueva noción —la de que yo misma me estoy condenando al bonito papel de Penélope posmoderna y empijamada— empieza a abrirse paso y no tengo manera ni de esconderla ni de ignorarla. En otras palabras, si estoy donde estoy es porque yo lo he elegido, y así, de la misma forma, puedo elegir estar en otro sitio y, al hacerlo, pasármela mucho mejor.

Desde luego, este proceso de transitar airosamente la soltería, y hasta salir de ella no ha sido, ni con mucho, tan sencillo ni tan rápido como me lo hubiera esperado en un principio. Nada de tronar los dedos, cambiar el estatus de Facebook y esperar a que empiecen a caer los pretendientes; ni de acodarse en una barra con un top más o menos mono y poner cara de "aquí estoy, muchachos, ¿quién dijo 'yo'?". Para nada. Al contrario, ha implicado un proceso tortuosísimo que me ha obligado a voltear mi alma, mis historias y mis inseguridades al revés, cual calcetín lavado, y a examinar todo con enorme atención; un proceso que, si he de ser sincera, ha llegado a arrojar resultados a ratos buenísimos, a ratos terribles y a ratos hasta un tantito escalofriantes. Y, sin embargo, sobreviví. Sobreviví y hasta de buenas, para que no digan. Por supuesto, todavía sigue sin quedarme claro qué será del resto de mi etapa treintona en lo que respecta a los hombres, las parejas y mi proyecto de vida, pero al menos tengo claro todo aquello que he venido arrastrando, que no me sirve y que hoy quiero abandonar definitivamente. Al menos hoy tengo, si no una pareja estable y un montón de seguridades con respecto al futuro, ni siquiera un carné de baile colmado de invitaciones, como los de las señoritas de antes, sí la certeza de que mi vida, y más específicamente, mis viernes en la noche, no tienen por qué seguir siendo así.

¿Que cómo van a ser? No tengo idea. ¿Con quién? Uuuuh, todavía menos. Lo único que me queda perfectamente claro en este momento es que ya no sé ni lo que según yo sí sabía o, para ponerlo de otra manera, que lo que yo pensaba que tenía que ser resultó que no tenía que serlo tanto. Las dinámicas y las formas de funcionar en el mundo que tenía antes ya no me sirven ni me satisfacen, y aún no logro encontrar a ciencia cierta unas nuevas y acostumbrarme a ellas. Vivo en el limbo, vamos, analizando mis jugadas y movimientos con más atención que el más grande de los grandes maestros del ajedrez; cada mensaje de Whatsapp, cada respuesta, cada guiño van precedidos por horas y horas de diálogo interno y externo, a tal punto, que el enanito de mi cabeza cobra horas extra y pide, por piedad, un pequeño respiro. Y, sin embargo, confío en que poco a poco las cosas se irán volviendo más sencillas y más evidentes y me será más fácil navegar por el difícil proyecto de conseguir pareja en la década de los treinta. Como confío también en que, gracias a una lista breve pero sustanciosa de propósitos para el futuro, podré hacer que mi vida sentimental, en lugar de un motivo para azotarse y ponerse ansiosita, sea un pretexto para divertirse, apapacharse y pasársela bien.

Cancelar el drama

Para mí, desde que me acuerdo, la búsqueda de pareja siempre ha venido tomada de la manita del drama; para mí, nada ha sido sencillo ni color de rosa: en cuanto decido que un tipo me gusta, en cuanto me decido a abandonar mi tranquila meseta de soltera, donde la vida social es predecible, pero agradable, y no hay mayores sobresaltos que un refri vacío o una emergencia laboral, la puerca tuerce el rabo de manera espectacular. Y lo peor es que a lo largo de mi vida me he contado la historia de que soy un caso especial, que a las otras mujeres eso no les pasa y que, horror de horrores, yo estoy condenada a oscilar entre el drama y el descontento eternamente. Vamos, que soy más azotada que el monje malo de *El código da Vinci*. Para otro tipo de mujeres que no son como yo (o así, al menos, es como yo lo veo), la cosa fluye muy naturalmente y muy como en las películas propias del planeta lindo: un buen día, van por la calle, se les cae la bolsa, riegan hasta los resultados de la prueba Enlace y, milagrosamente, aparece de la nada un tipo que les ayuda a recoger todas sus porquerías, alguien que curiosamente tiene gustos e inclinaciones similares a las suyas, un buen trabajo y un vocabulario aceptable; un tipo, pues, que les atrae y está dispuesto a cortejarlas. El tipo, prendado, las busca, las procura y las invita a salir hasta que, si todo va bien, se va generando un ritmo de intercambios más o menos uniforme, se avientan el bonito numerito de conocer a los amigos, a la familia y hasta a ese tío que hace tantas preguntas y a la mínima intimación canta unas de Agustín Lara, y a pesar de ello resisten como los grandes, hasta que, con el paso del tiempo, se les vuelve natural estar juntos e, implícita o explícitamente, quedan establecidos como una pareja. Así veo yo que sucede para otro tipo de mujeres, aquéllas que desde chiquitas han estado entrenadas para controlar y propiciar estos intercambios y que desde siempre han tenido claro que están en este mundo para ser pareja de alguien, que saben qué papel le corresponde a cada quién y cuáles son sus propios límites y sus propias expectativas.

En mi caso, por desgracia, no es del todo así (o no era, porque ya quedamos que esto es una lista de propósitos para el futuro); yo, cargada con montones de inseguridades y una idea muy vaga de lo que implica ser mujer y comportarse como tal, casi invariablemente cedo (cedía, cedía) a la terrible tentación del drama y el azote. Si se me caía la bolsa en la calle, tenía que sortear el tráfico y evitar en lo posible quedarme tullida de por vida si quería recuperar ese lipstick rojo que me gusta tanto, pero de encuentros fortuitos y hombres maravillosos apareciendo de la nada, ni sombra. Al contrario: puro gañán poco dispuesto a hacer su chamba, que se quedaba en la banqueta viéndome perseguir el lipstick y que, obviamente, terminaba haciéndome sentir mal y poco atractiva. Qué barbaridad, pensaba yo, los hombres buenos, pacientes, maduros y cumplidos siempre les tocan a las otras; a mí, en cambio, sólo me voltean a ver los complicados, los obsesionados con su carrera y los que dicen cosas como "no, si sí me he acordado de ti, pero he tenido mucho trabajo y ya sabes que los hombres no podemos ocuparnos de dos cosas al mismo tiempo"; ah, qué mala suerte la mía, de veras. Éste era mi brillante razonamiento y, por supuesto, era el caldo de cultivo perfecto para pasarla espectacularmente mal una vez que decidía que el tipo me gustaba, porque por supuesto yo me quedaba horas y días esperando una llamada que no llegaba y un cortejo que, si llegaba, era intermitente, como por goteo, y me dejaba francamente insatisfecha y, lo que es más bonito, convencida de que yo no podía aspirar a más. Si todos los que medio me pelaban, y me gustaban, eran así, claramente era una señal de que así iba a ser el resto de mi vida y punto, ¿no?

Pues no. Resulta que esos numeritos ya no me gustan, no me entretienen y, por supuesto, ya no tengo ganas de que las cosas sean así. Entiendo que el drama tiene su chiste, cómo no, y que por extrañísimas telarañas mentales que más o menos tengo identificadas pero no voy a revelar, pasé mucho tiempo eligiendo muy cuidadosamente (porque los hombres, como los amigos, no "te tocan", tú los escoges) fijar mi atención en tipos que yo, en algún lugar de mi persona y mi cabeza, tenía perfectamente claro que no estaban equipados para corresponderme como yo quería porque, en una maniobra muy perversa que sólo nos puede organizar el demonio maligno que llevamos dentro, pensaba que tarde o temprano yo tenía que ser capaz de cambiarlos y convertirlos en hombres más o menos decentes y de bien que me correspondieran ampliamente. Ni que decir tiene que esos asuntos nomás no funcionaron del todo bien.

Hoy, en cambio, tengo claro que el drama y las situaciones poco favorables están muy bien para el cine o para las canciones; que vivir en la zozobra y marcar treinta veces el propio teléfono para cerciorarse de su buen funcionamiento, proferir o escribir frases lapidarias, inclusive gritar, puede tener su chiste y hacernos sentir como heroínas de película trágica, pero en la vida real no está bien ni debe buscarse, diga lo que diga el demonio maligno. El demonio maligno podrá convencernos de que nos morimos de ganas de actualizar la fantasía de tener bajo nuestro balcón a John Cusack y su grabadora (o a Jorge Negrete y su mariachi, si una tiene el gusto más vernáculo), rogando nuestro perdón después de un pleito o un desplante, después de que ideamos mil y una argucias para estar en contacto con él sin que él mismo se dé cuenta (ya sé que suena criminal, pero quien no haya organizado un numerito peor que los de Meg Ryan en *Addicted to Love*, que arroje la primera piedra) pero no lo hace, ni con mucho, por nuestro bien. Lo único que lograríamos con este tipo de conductas sería despertar la envidia de las vecinas y, seguramente, la ira de los vecinos. Y, después de un tiempo, el ciclo volvería a cumplirse (porque si depositas tus esperanzas en alguien que no sabe querer, o quiere raro, muy probablemente retornará a sus costumbres) y una volvería a verse sumida en el drama. Hasta decir que se decida a decir basta.

Dejarse cortejar

Últimamente paso muchos ratos platicando con mi amiga la Quiquis. A la mínima intimación, nos enfrascamos en larguísimas conversaciones y, generalmente, tenemos dos temas que privilegiamos por encima de los demás: el primero, la comida (las dos estamos sometidas, por diversas razones, a severas restricciones alimentarias, y podemos pasar horas discutiendo sobre helados, pasta y galletas con entusiasmos y exaltaciones similares a los que, supongo, invaden a los hombres cuando citan y rememoran las cualidades de sus *playmates* favoritas), y, el segundo, cómo no, los hombres y las distintas maneras en que nos relacionamos con ellos. Merced de los subibajas emocionales y existenciales que enfrenta actualmente cada una (ella saliendo de una relación, yo tratando de entrar a otra), el asunto nos preocupa particularmente y nos ofrece distintos puntos de vista desde los cuales observar el asunto y emitir opiniones. Y opiniones emitimos, cómo no, sin descanso; con decir que hace algunos fines de semana organizamos una verdadera mesa redonda sobre el mejor momento y la mejor forma de enviarle a un muchacho que nos anda gustando una solicitud de amistad en Facebook, conviniendo en que era mejor dejar que pasara el fin de semana y esperar al lunes en la tarde (explicaría el razonamiento, pero requiere rudimentos de Lógica y un dominio de la geometría no euclidiana que no creo que sea justo exigir de mis lectores). Digamos que todo esto de los treintones, las treintonas, sus encuentros y desencuentros, nos tiene muy ocupadas y, a un tiempo, muy desconcertadas.

Sin embargo, dentro de nuestro desconcierto, a fuerza de darle vueltas a nuestras historias pasadas y las de las mujeres a nuestro alrededor, hemos identificado verdades fundamentales de la vida en pareja. En un momento, por ejemplo, concluimos que cada mujer es distinta y, por lo mismo, tiene distintas necesidades (para ella, la apostura es indispensable para sentirse atraída por un hombre, mientras que yo creo firmemente en las virtudes y el carácter intrínsecamente agradecido y generoso de los feos; para mí, es fundamental estar con un hombre que respete mi espacio y no pretenda que estemos pegados el uno al otro todo el día, mientras que ella es más proclive a lo que le viene siendo la relación tipo muégano), y, en otro, que por muy distintas que seamos todas merecemos parejas que nos hagan sentir cuidadas y queridas, no controladas o incómodas; y no sólo eso, también hemos llegado a descubrir verdades fundamentales (si podremos ser frívolas, pero nunca mensas) de estos asuntos, una de las cuales se la dijo a ella su terapeuta, ella tuvo a bien compartírmela y, a raíz de eso, se quedó marcada en nuestras almas para siempre: no es lo mismo estar dispuesta que estar disponible.

El tema salió el domingo inmediatamente posterior a ese último viernes en pijamas que contaba al principio del capítulo. No hace falta ser adivino para anticipar que ese viernes el teléfono permaneció perfectamente mudo hasta las once de la noche en que lo apagué, después de decidir que hasta para la codependencia era necesario tener horarios y fijar límites; tampoco hace falta serlo, o no mucho, para saber que el dichoso teléfono se dignó sonar hasta el siguiente sábado en la tarde, mientras yo, al grito de no me vuelvo a quedar en mi casa ni amarrada, ya me estaba organizando con el Cuco para irme al cine. Llegó, pues, un mensaje de "a ver si nos vemos" que me hizo titubear unos minutos, pero sólo unos minutos, porque casi enseguida respondí que ya tenía plan (y aunque no hubiera tenido, a esas alturas, hasta estaba dispuesta a quedarme viendo fijamente la pared de mi cuarto antes de aceptar una invitación que llegaba tarde y mal; el asunto ya había escalado en mi mente y en mi corazón, aunque él no se hubiera enterado, a una cuestión de principios). El intercambio terminó bastante mal (yo, enojada, él, sin tener idea de por qué yo estaba enojada, lo cual, obviamente, me enojó todavía más), pero logré, aunque fuera por una tarde, anteponer mis necesidades a mis miedos, irme al cine a ver una película bastante buena y poner un hasta aquí.

La Quiquis, cuando hube terminado mi relato (y después de preguntarme, con envidia de la mala, si las palomitas que me había comido estaban recién hechas o, por el contrario, eran de ésas que dejan envejecer en el fondo de la máquina hasta que llega un incauto al cual asestárselas, y si las había aderezado con limón o nomás con salsa), me felicitó ampliamente. Me dijo que exactamente a eso era a lo que se refería su terapeuta: una puede estar dispuesta, cómo no, a aceptar invitaciones y a escuchar propuestas, a seguir al interfecto hasta el infinito y más allá y a ser cómplice hasta de sus planes más enloquecidos, pero eso no implica que necesariamente una se mostrara perennemente disponible, vamos, que no accediera a dejarlo todo en el instante mismo en que el objeto del deseo se dignara aparecer y convocarnos. Todos lo hemos hecho y lo hemos padecido; todos hemos salido huyendo de una clase de Pilates o hemos dejado plantadísimo a un amigo porque se nos atravesó Fulano en el camino y ni modo, Fulano mata todo, pero eso tampoco está bien ni es un buen mensaje. Una está dispuesta y disponible siempre y cuando el tipo sepa pedirlo de buen modo y en los tiempos correspondientes y, si no cumple, pues no estaremos, y sanseacabó. Cada quien sabrá, por supuesto, sus modos y tiempos: algunas obsesivas necesitamos un par de días de anticipación (decidir un atuendo en cuestión de un cuarto de hora puede minar poderosamente mi estabilidad emocional), otras preferirán algo más espontáneo; algunas seremos más de ir a cenar a lugares silenciosos, otras, de ir a bailar y pasearse entre la gente bonita. Lo importante, decidimos ese día la Quiquis y yo, es dejarlo claro y saber qué quieres y qué, definitivamente no. Y, también decidimos, si una vez que lo expresaste, el tipo decidió ignorarlo, era momento de empezar a ignorarlo a él —y a todos los de su calaña— de una vez por todas y optar en cambio por centrar nuestra atención en alguien que respondiera de mejor manera a nuestras necesidades y requerimientos.

El mejor de los proyectos

Por supuesto, una vez que se terminó la película —y las palomitas—, me di cuenta de que rechazar esa propuesta, decir abiertamente que no, muchas gracias, me había dejado llena de miedos y angustias. Lejos de tranquilizarme, la idea de que estaba marcando claramente mis límites y haciéndole ver a un individuo que me interesaba que en esos términos yo no quería interactuar, me generó una terrible sensación de incertidumbre. ¿Y qué tal que este ser humano se olvidaba de mí para siempre y ya no me volvía a llamar nunca? Tampoco era que me sobraran los prospectos, y si me empezaba a poner mis moños, ¿qué tal que éste se iba y no aparecía ninguno en su lugar? La posibilidad me infundía un genuino temor, porque, en mi inseguridad, estaba convencida de que yo realmente no era quién para andarme con sutilezas y exigir lo que otras mujeres exigían con la mano en la cintura: respeto, pues. Ya sé que suena melodramático y más propio del argumento chafa de una telenovela que del raciocinio de una mujer madura con más de treinta décadas sobre el planeta y un par de dedos de frente, pero de nada sirve decir mentiras: en estos asuntos, muchas veces no hay razones que valgan y el demonio maligno, si lo dejamos, puede salirse con la suya. Por lo menos en lo que a mí respecta, se ha salido con la suya varios años. Pero ya no más. En ese momento en el cual mi alma se retorcía como tlaconete con sal pensando en que en una de ésas le había puesto fin a todas mis posibilidades con el sujeto en cuestión, se abrió en mi mente un cielo imaginario, preocupantemente similar al del principio de *Los Simpson*, y una voz fuerte y clara tronó: pues allá él; él se lo pierde y yo me lo ahorro. Lo que sea, que suene.

El problema con los discursos que las treintonas contemporáneas hemos ido absorbiendo a lo largo y ancho de nuestras vidas es que están centrados en lo que sucede afuera: en un necio intento por manipular lo que los hombres hacen, piensan, sienten y hasta consumen. Estamos condicionadas a tratar de manipular sus conductas y sus emociones, y todas las acciones que se nos sugieren o se nos prohíben van hacia allá —vístete así y conseguirás esto; háblale, o no le hables, y conseguirás esto otro; actúa de esta forma y lo tendrás en tus manos—, sin tomar en cuenta lo que nosotras mismas queremos y necesitamos. Si, digamos, yo lograra deshacerme del demonio maligno y entender por fin que la única responsable de mi bienestar soy yo misma, entendería que mi única motivación para actuar tendría que ser mi propio bienestar y mi propia satisfacción con mis acciones, y que no es lógico, ni justo, cargar a nadie con el paquete inmenso de hacerme feliz, adivinar mis más secretos deseos y hacerme sentir bien conmigo misma. Si lograra que me cayera este veinte, desde luego, no aceptaría quedarme en mi casa con el estómago hecho nudo esperando que a un ser humano se le ocurra levantar el teléfono y otorgarme un poquito de confianza en mí misma; vamos, ni siquiera se me ocurriría pedírselo, porque ¿él qué culpa tiene de mis inseguridades? De la misma forma, no vería la necesidad de estar con alguien que me hace sentir temerosa o incómoda o que, simplemente, no me termina de acomodar. En el afán de "conseguir" un hombre, algunas mujeres estamos dispuestas a pasar por encima de nuestras propias necesidades y deseos, con el único resultado de que terminamos sintiéndonos fatal y aferrándonos a un tipo que tal vez no nos hace felices, pero nos da la satisfacción de tener una pareja; esto, con un poco de conciencia y un mucho de amor propio y establecimiento de los propios límites, puede cambiar radicalmente.

Hoy, después de años y años de darle vueltas al asunto y tan soltera como cuando estas páginas eran sólo una idea en torno a una mesa de cantina, no puedo pensar en mejor manera de rematar tantas reflexiones tan enloquecidas que con las palabras de una de mis tías abuelas que, muy preocupada porque no entiende bien de qué la giro en la vida (estoy segura de que piensa que estoy secretamente emparejada con una oveja, un musulmán, un negro o algo igualmente escandaloso para ella; además de que mi pelo siempre le parece un desastre, pero ésa es otra historia), cada vez que nos despedimos se me queda viendo fijamente y me dice: "no se te olvide nunca quién eres". No sé bien a qué se refiere, pero hace unos pocos días, mientras yo estaba obsesionada con el final de este proyecto, me lo volvió a decir y sus palabras se quedaron resonando en mi cabeza. En una de ésas, el mensaje para las treintonas contemporáneas —o para esta treintona contemporánea, al menos— sí lo tienen las generaciones pasadas. No se trata de ser quien Fulano o Zutano, o Mengana, quieren que seas, ni de cambiar todo en ti, bajar tres tallas, teñirte el pelo y mudarte a un barrio "bien" para estar finalmente contenta con tu persona porque conseguiste una pareja y, con ello, alcanzaste una cierta seguridad y estabilidad, sino de averiguar quién eres, qué quieres, cuál es tu lugar en el mundo y, una vez que lo hiciste, no dejar que se te olvide ni por un instante. Y, una vez que sepas dónde estás parada, te será más sencillo aceptar y darle la bienvenida a quienquiera que esté dispuesto a negociar su vida con esa persona que tú eres, sin que ninguno de los dos pretenda que el otro sea distinto. No tengo idea de cómo se haga eso ni de si pueda generar algún buen resultado, pero de que suena como un buen proyecto y un gran propósito, sin duda. Habrá que probarlo.

Agradecimientos

Este libro, como habrán de notar sus lectores, implicó un difícil y angustioso proceso de introspección y hurgoneo emocional que no siempre fue sencillo, ni para mí ni para los seres a mi alrededor; por eso doy gracias a mi familia, que aguantó como los grandes sin llevarme al registro civil a cambiar mis apellidos.

Agradezco, por supuesto, a Pablo Martínez Lozada, editor y, sin embargo, amigo, por su confianza y entusiasmo.

A todos mis amigos, quienes de grado o por fuerza me dotaron de anécdotas y ejemplos suficientes para llenar estas páginas. Y, claro, por su cariño y esas cosas.

A mis lectores, que en una actitud rayana en lo dictatorial, me exhortaron una vez tras otra a dejar de estar chacoteando en las redes sociales y ponerme a escribir. Los quiero, muchachos.

Esta obra se imprimió y encuadernó
en el mes de febrero de 2016,
en los talleres de Edamsa Impresiones, S.A. de C.V.,
Av. Hidalgo No. 111, Col. Fraccionamiento
San Nicolás Tolentino, Delegación Iztapalapa
México, D.F., C.P. 09850